英語学モノグラフシリーズ 10

原口庄輔／中島平三／中村　捷／河上誓作　編

左 方 移 動

大庭　幸男　著
島　越郎

研　究　社

まえがき

　生成文法の歴史は，移動規則とそれに課せられる条件の研究の歴史であったと言っても過言ではない．生成文法研究の初期の段階では構文の数だけ規則が存在し，繰り上げ構文には繰り上げ変形が，受動文には受動化変形が，wh 疑問文には wh 疑問詞移動変形が，関係節には関係節形成規則が適用されると考えられた．また，これらの変形規則の適用を制限する条件として，複合名詞句制約，主語条件，付加詞条件などが提案された．
　しかしながら，このような考え方では，繰り上げ変形と受動化変形に見られる，動詞の直後の NP を主語の位置へ移動するという共通点を捉えられず，また，wh 疑問詞移動と関係節形成に見られる wh 句を文頭の COMP の位置に移動するという共通点を捉えることができない．そこで，繰り上げ変形と受動化変形に見られる共通点を抽出すると，「NP を主語位置に移動せよ」という規則が得られる．また，wh 疑問詞移動と関係節形成の共通点を抽出すると，「wh 句を COMP 位置へ移動せよ」という規則が得られる．そして，NP の移動先が主語位置であり，wh 句の移動先が COMP であることが自動的に他の原理から決定できるとすると，これらの規則は単に「NP を移動せよ」，「wh 句を移動せよ」と規定すればよい．さらに，NP と wh 句の区別を取り払うと，移動規則は「α を移動せよ」という単一の規則にまとめられる．このようにして，多様な記述力を持っていた変形の概念が極限にまで一般化された．ミニマリスト・プログラムでは，移動は併合（Merge）操作の 1 つとして捉えられている．
　変形規則に課せられる条件の研究においても同様の展開が見られる．初期の複合名詞句制約，主語条件，付加詞条件などの条件は単に事実を記述しているだけであり，複合名詞句，主語，付加詞の中から要素摘出ができないのはなぜかという点は説明されていない．変形に課せられる条件の研

究の歴史は，この説明を探求する歴史であったといってよい．最初の展開は下接の条件の提案であった．この条件は，初期に提案された条件の共通点を抽出し，それを「移動は NP と IP の 2 つの境界を越えてはならない」という一般的条件として規定したものである．しかしこの条件にはNPとIPのみが境界となるのはなぜかという問題があり，また付加詞条件をうまく組み込むことができなかった．そこで，境界という概念を捨て，取り出し可能な領域を補部に限定する摘出領域の条件 (CED) が提案された．この条件をさらに一般化したものが障壁理論である．最新の理論ではフェーズ(概略単文に相当する)という概念により，規則適用の範囲を制限する可能性が研究されている．また，移動の経路上にある特定の位置に着目して移動を制限する最小連結条件 (MLC) の検討も行われている．

本書は，このような生成文法の中心的課題である(左方)移動規則とそれに課せられる条件を扱っている．第 1 章と第 2 章は大庭幸男が担当し，第 3 章から第 5 章までは島越郎が担当した．第 1 章は，左方移動に課せられる条件の歴史的展開の素描である．第 2 章では，wh 移動に代表される非項の位置への移動，およびそれに課せられる条件が最新の情報まで含めて詳細に述べられている．第 3 章では，受動構文，繰り上げ構文，非対格構文などに見られる項位置への移動とそれに課せられる条件について述べ，第 4 章では，主語・助動詞倒置やV^2現象に見られる主要部移動について論じている．第 5 章では，最新のミニマリスト・プログラムにおける移動分析の核心部分を具体例を用いて平易に解説している．

現在，項位置への移動は比較的見通しがよい状況にあるが，非項位置への移動と主要部移動に関しては依然として不明の点が多く，今後さらに研究が必要な分野である．本書では，著者独自の提案も見られ，また，残されている問題点も的確に指摘されているので，本書がそのような研究の端緒となることを期待したい．

2002 年 2 月

編　者

目　　次

まえがき　iii

第1章　序　　論 ―――――――――――――――― 1
1.1　左方移動に課される条件・制約の歴史的発展過程　1
1.2　ミニマリスト・プログラムの基本的な考え方　8

第2章　非項位置への移動 ―――――――――――― 15
2.1　非項位置への移動の特徴　15
2.1.1　話題化構文　15
2.1.2　分裂構文　21
2.1.3　寄生空所構文　28
2.1.4　Tough 構文　36
2.1.5　否定倒置構文　43
2.2　非項位置への移動の制約　48
2.2.1　上位範疇優先の原理　49
2.2.2　島の制約　52
2.2.3　循環節点に基づく下接の条件　55
2.2.4　空範疇原理と取り出し領域条件　59
2.2.5　障壁に基づく下接の条件　64
2.2.6　γ標示による空範疇原理　70
2.2.7　相対的最小性　74

2.3 島の現象とミニマリスト・プログラム　78
　2.3.1　強い島と弱い島　78
　2.3.2　フェイズ不可侵条件とその問題点　79
　2.3.3　指示的 Wh 句の移動　81
　2.3.4　非指示的な Wh 句の移動　89

第3章　項位置への移動　　95

3.1　受　動　文　95
　3.1.1　受動文の統語構造　96
　3.1.2　不定詞補文主語の受動化　99
　3.1.3　擬似受動文　102
　3.1.4　形容詞的受動文　106
　3.1.5　受動文の機能上の特徴　108
　3.1.6　ま　と　め　109
3.2　繰り上げ構文　110
　3.2.1　繰り上げ構文の構造　110
　3.2.2　繰り上げ構文の統語特性　112
　3.2.3　コントロール構文　113
　3.2.4　ま　と　め　115
3.3　非対格動詞構文　115
　3.3.1　非対格動詞文の派生　115
　3.3.2　移動の証拠　116
　3.3.3　ま　と　め　119
3.4　中間動詞構文　119
　3.4.1　中間動詞構文の派生　119
　3.4.2　中間動詞と非対格動詞の相違点　120
　3.4.3　ま　と　め　123

3.5　動詞句内主語仮説　123
　3.5.1　等位構造制約効果の消失　125
　3.5.2　動詞句前置と束縛原理　126
　3.5.3　まとめ　128
3.6　項位置への移動に課せられる制約　128
　3.6.1　θ基準と格フィルター　128
　3.6.2　最小連結条件と連続的循環移動　129
　3.6.3　PROとゼロ格　131
　3.6.4　まとめ　133

第4章　主要部移動　135

4.1　主語・助動詞倒置　135
　4.1.1　主語・助動詞倒置の特徴　136
　4.1.2　I^0からC^0への主要部移動　137
　4.1.3　SAI現象の説明　141
　4.1.4　V^2現象　147
4.2　否定文　149
　4.2.1　動詞繰り上げとdo挿入　149
　4.2.2　残された問題　154
4.3　不変化詞　155
　4.3.1　不変化詞と前置詞の違い　156
　4.3.2　不変化詞の構造　158
　4.3.3　不変化詞の移動理由　161
　4.3.4　残された問題　162
4.4　「再分析」再考　164
4.5　まとめ　167

第5章 ミニマリスト・プログラムにおける移動分析 —— 169

5.1 移動の誘因　169
5.2 存在文　171
　5.2.1 一致操作　172
　5.2.2 存在文に生起可能な動詞　174
　5.2.3 存在文の機能　176
　5.2.4 まとめ　177
5.3 場所句倒置構文　177
　5.3.1 前置詞句の移動　178
　5.3.2 場所句倒置構文の派生　180
　5.3.3 場所句倒置構文に生起する動詞　181
　5.3.4 まとめ　183
5.4 まとめ　183

参考文献　185
索引　197

第1章 序　　論

　本書では，生成文法理論が提唱された当初から現在に至るまで，たえず議論の中心になってきた左方移動について考察する．左方移動は，移動先の着地点により，項位置 (Argument-position: A-position) への移動，非項位置 (A'-position) への移動，主要部位置 (Head-position) への移動の3種類に大別される．項位置への移動 (A-movement) とは，要素が一致素性(ϕ素性)を持つもの(たとえば，時制要素 T (tense) と軽動詞 v など)の指定部へ移動する場合をさし，非項位置への移動 (A'-movement) とは，要素が一致素性(ϕ素性)を持たないもの(たとえば，補文標識 C (Complementizer) や焦点 F (focus) など)の指定部に移動する場合をさし，そして，主要部位置への移動 (Head movement) とは，主要部が他の主要部へ移動する場合をさす．これらの移動については第2章から第5章で詳しく議論する．本章では，生成文法理論における左方移動の条件や制約についての歴史的発展過程と，現在進展中のミニマリスト・プログラム(極小主義)(Minimalist Program: MP) の基本的考え方を概観する．MP の具体的な議論については，2.3節と第5章で詳しく考察する．

1.1　左方移動に課される条件・制約の歴史的発展過程

　初期の変形文法には，句構造規則と変形規則が仮定されていた．句構造規則は，句の構成に関する規則性を捉えようとするものである．たとえば，John ate an apple. という文では，決定詞 (Determiner: Det) の an と名詞の apple が名詞句 (Noun Phrase: NP) を形成し，その名詞句と動詞 (Verb: V) の ate が動詞句 (Verb Phrase: VP) を形成し，さらに，その動

詞句と主語の名詞句 John が文 (Sentence: S) を形成する．このような句の構成は，(1)のような句構造規則を仮定することによって捉えられる．

(1) a. S → NP VP
b. VP → V (NP)
c. NP → (Det) N

周知のごとく，自動詞は目的語をとらない．また，固有名詞は決定詞をとらない．したがって，(1b, c) の NP と Det は義務的な要素ではなく，随意的な要素である．これを捉えるために，句構造規則では，(1b, c) のように，NP と Det に（ ）が付けられている．

(1)の規則は2つの情報を示す．すなわち，句を構成している要素の種類と，その間の順序についての情報である．しかしこの句構造規則だけでは，たとえば，What did John eat? のような wh 疑問文は生成されない．なぜなら，文頭の what は意味的に動詞 eat の目的語にあたるが，(1) の句構造規則ではそれが捉えられないからである．これを補足するために，変形規則が仮定された．たとえば，what を文頭に移動させる規則は次のように定式化される．

(2) WH 移動
$$X \text{ — wh 句 — } Y$$
構造記述： 1 　 2 　 3
構造変化： 2+1 　 ϕ 　 3

(2)に示されるように，変形規則は，適用条件を定めた構造記述 (Structural Description: SD) と，適用の結果を示す構造変化 (Structural Change: SC) から定義される．(2) の wh 句と X, Y は，それぞれ定項と変項と呼ばれる．なお，変項はどのような単語の連鎖であってもよい．また，(2) の WH 移動は付加操作（要素を別の要素の右か左に付ける操作）であるが，変形規則にはこれ以外に，置換（要素を別の要素に置き換える操作），削除（要素を消去する操作）などの基本操作がある．

しかし，(2)のような変形規則は自由に適用されるわけではなく，何らかの制約が課される必要がある．たとえば Chomsky (1964) は，概略，「A

という範疇のなかにもう1つAという範疇が含まれている場合には，変形は上位のAに適用され，下位のAには適用されない」と主張している．

(3)　　　　A
　　　　　⌒
　　　　... A ...

これは，後に「上位範疇優先の原理」(A-over-A Principle) と呼ばれ，その後の変形規則に対する一般的制約の発見の出発点となった ($\Rightarrow$ 2.2.1)．

続いて，Ross (1967, 1986) は，上位範疇優先の原理の不備を指摘し，文の構造に注目した，もっと精緻な制約群を提案した．その制約群には，複合名詞句制約 (Complex NP Constraint)，文主語制約 (Sentential Subject Constraint)，等位構造制約 (Coordinate Structure Constraint) などがある．これらの制約は，要素が，変形規則の構造記述に示されている変項（単語の連鎖）を，自由に飛び越えて移動できるわけではないという事実を捉えようとしたものである．たとえば，(4a) に WH 移動を適用すれば，what は変項 X を飛び越えて文頭に移動するが，その結果派生された (4b) は非文法的である．

(4)　a.　　　[$_X$ John believed the claim that Bill bought] what Y
　　　　SD :　　　　　　　　　　　　1　　　　　　　　2　3
　　　　SC :　2 + 1　　　　　　　　　　　　　　　　　　ϕ　3
　　　b. *What did John believe the claim that Bill bought?

したがって，変項を飛び越えるように要素を左方へ移動させる場合，何らかの制限が課されなければならない．Ross は，要素の取り出しを阻止するような構造を島と呼び，変項を飛び越える移動には島の制約 (Island Constraints) が課せられると主張している ($\Rightarrow$ 2.2.2)．

Ross の制約群は，記述的に適切なものである．しかし，これらの制約群は「妥当な言語理論」の構築に問題を投げかける．つまり，言語理論が妥当であるとみなされるには，記述的妥当性と説明的妥当性の2つの条件を満たさなければならない．記述的妥当性とは，言語知識を正確に記述することを要求する条件であり，それを満たす言語理論は，各言語に特有な

構文や現象を適切に説明できるような,複雑な条件や規則が必要である.これに対して,説明的妥当性とは,言語知識の獲得のシステム(すなわち言語機能の内容)を正しく説明することを要求する条件であり,それを満たす言語理論は,どの言語にも当てはまるような普遍的な原則や規則を有する必要がある.したがって,言語理論が適切であるためには,記述的妥当性からすれば言語ごとに個別的で,詳細でかつ複雑なものにならざるをえないが,説明的妥当性からすれば,子供はどのような言語でも獲得する可能性を持っているので,どの言語にも当てはまる普遍的で単純なものでなければならない.この観点から移動制約を考えると,記述的妥当性を満たすためには,種類を増やし,内容を複雑にしなければならないが,説明的妥当性を満たすには,種々の制約群を統合する必要がある.Ross の制約は,文の構造のそれぞれに対して設定されたものであるので,その記述的妥当性は高いと言えるが,制約を列挙したにすぎないという点において,その説明的妥当性は低い.

　このような状況のもと,それまで提案されたさまざまな制約を統合しようとしたのは,Chomsky (1973, 1977) である.彼は,言語理論の説明的妥当性に向けて,これまでの制約を,下接の条件,指定主語条件,時制文条件,主語条件の4つにまとめることを提案した.まず,下接の条件 (Subjacency Condition) は,概略,「2つ以上の循環節点 (cyclic node) (S′, NP) を越えて要素を移動したり,関係づけたりできない」というものである (⇒ 2.2.3).指定主語条件 (Specified Subject Condition) は,「指定主語を持つ範疇のなかの要素は,その範疇の外へ移動することができない」というものである.この場合,指定主語とは音声を伴うもので,定形節,不定詞節,名詞句の主語である.たとえば,(5b) では the soldier が,そして,(6b) では John が指定主語にあたる.したがって,この条件は (5a), (6a) のような例の each, John の移動を阻止しないが,(5b), (6b) の each, Mary の移動を阻止する.

(5) a. The candidates ___ expected [$_S$ PRO to defeat each other].

b. *The candidates ___ expected [_S_ the soldier to defeat each other].

(6) a. John seems [_S_ ___ to like Mary].

   b. *Mary seems [_S_ John to like ___].

また，時制文条件（Tensed-S Condition）は，概略，「時制文のなかの要素を，その文の外に移動することはできない」というものである．時制文とは，現在時制，過去時制を有する文である．たとえば，(7a, b) の埋め込み文がこれにあたる．この条件が与えられると，(7a, b) の each, John の移動は阻止される．

(7) a. *The candidates ___ expected [that each other would win].

   b. *John is believed [___ is incompetent].

主語条件（Subject Condition）は，おおむね，「主語のなかにある要素を，その外に移動することはできない」というものである．この条件は，次のような例を排除する．

(8) a. *Who [_S_ did [_NP_ stories about ___] terrify John]?

   b. *Who [_S_ do you expect [_NP_ stories about ___] to terrify John]?

なお，Chomsky (1977) では，S を循環節点に加えることにより，この条件は下接の条件に統合された．さらに，間接疑問文からの要素の取り出しを阻止する wh 島の制約（Wh-island Constraint）も，S を循環節点とみなすことで，下接の条件に統合されることになった（⇒ 2.2.3）．

これ以外に，付加詞条件もある（Huang 1982）．付加詞（Adjunct）とは，関係節や副詞節，副詞句などのような修飾要素である．付加詞条件（Adjunct Condition）は，そのような付加詞のなかから要素を取り出してはならない，と主張するもので，次のような例の非文法性を説明する．な

お，Huang は付加詞条件と主語条件を1つにまとめ，取り出し領域条件（Condition on Extraction Domain）を提案した（⇒ 2.2.4）．

（9） a. *Which class did you fall asleep during *t*?
 b. *John, [that you like *t*] was a surprise.

下接の条件は，循環節点を S′ と NP（そして S）と仮定したが，その根拠が明らかではなかった．その欠点を解消するために，要素の移動を阻止する障壁（Barrier）という概念によって，単に列挙されたにすぎなかった循環節点（S′, NP, S）を統一的にまとめることを提案したのが，Chomsky (1986) の障壁理論である．この理論では，下接の条件は「2つ以上の障壁を飛び越えて要素を移動することはできない」と捉えなおされている（⇒ 2.2.5）．

しかしながら，移動には下接の条件だけでは捉えられない現象がある．

（10） a. Who do you think [$_{CP}$ *t*′ [$_{IP}$ *t* saw Bill]]?
 b. *Who do you think [$_{CP}$ *t*′ that [$_{IP}$ *t* saw Bill]]?
（11） a. John is likely [*t* to win].
 b. *John is necessary [*t* to win].
（12） a. [$_{CP}$ Could [$_{IP}$ he *t* have done]]?
 b. *[$_{CP}$ Have [$_{IP}$ he could *t* done]]?

(10b) では that の後から主語を取り出すと非文法的になるので，これは that 痕跡効果（*that*-trace effect）と呼ばれる．また，(11) は埋め込み文の主語から主節の主語への繰り上げ，すなわち，項位置への移動の例であるが，この繰り上げの可能性は主節の述語によって異なる．(10), (11) の現象は，空範疇原理（Empty Category Principle）によって説明される（⇒ 2.2.6; 第3章）．そして (12) は，主要部が別の主要部に移動する例である．(12b) は，have が，主要部である could を飛び越えて CP の主要部 C に移動しているので，主要部移動制約（Head Movement Constraint）に違反している（⇒ 第4章）．

とくに Chomsky (1986) の障壁理論では，空範疇原理にのみに関わる「最小性条件」（Minimality Condition）が提案されている．これは，移動

によって生じた統率関係(たとえば，*Who did you believe [$_{CP}$ t' [$_{C'}$ that [$_{IP}$ t would win]]]? における t' と t の統率関係)であれ，語彙的な統率関係(たとえば，They saw [$_{NP}$ Bill's [$_{N'}$ picture of Tom]]. における saw と Tom の統率関係)であれ，その間に最小障壁(たとえば，上記の例では C′ と N′)が介在すれば，一律的にその統率関係を阻止するものである ($\Rightarrow$ 2.2.6)．これに対して，Rizzi (1990) は，概略，「要素 γ を c 統御 (c-command) する「同じタイプ」の要素が複数ある場合，γ に最も近いものがそれを統率し，遠いものは統率できない」という趣旨の提案をし，これを相対的最小性 (relativized minimality) と呼んだ．これによると，wh 句や NP や主要部は，それぞれ途中にある非項位置の要素，項位置の要素，主要部を越えて着地点に移動することはできなくなる ($\Rightarrow$ 2.2.7)．

障壁理論以後，生成文法理論は MP に移行していき，移動は解釈されない素性の照合のために行われるようになり，この相対的最小性は，最小連結条件 (Minimal Link Condition: MLC) という形式で取り入れられた ($\Rightarrow$ 1.2; 3.6.2)．

このように，移動に関してさまざまな制約が提案されたが，移動に限らず，変形規則全般に見られる性質も明らかにされてきている．そのなかで移動分析に多大な影響を与えたのは，Emonds (1976) の仮説である．彼は，変形規則が，要素(句範疇)を移動したり置換したりする場合，その移動先は，句構造規則で作り出されるような統語的な位置でなければならないという仮説を提案した．これによると，NP が移動規則の適用を受けた場合，その移動先は，句構造規則で NP が生成される位置に限られることになる．John seems [t to be honest]. のように，埋め込み文の主語が，句構造規則により NP が生成される主文の主語にのみ移動するのは，その一例である．このように，変形規則がある要素に適用された場合，その移動元も移動先も同じ句範疇になるので，句構造は保持される．Emonds はこれを「構造保持制約」(Structure-Preserving Constraint) と呼んだ．この制約は，要素の移動先を句構造規則によって生成された位置に限定することによって，変形規則の記述力に制限を加えたもので，その後の研究に重要な貢献をした．

1.2 ミニマリスト・プログラムの基本的な考え方

　MP とは，1980 年代後半にその萌芽が見られ，1990 年代中期になってかなり明確な形で提示され，現在なお進展中の理論である．初期の生成文法から MP までの終始一貫した基本的な考え方は，人間のこころ・脳の内部には言語に固有な言語機能 (faculty of language) が備わっており，それは，視覚・免疫・循環システムが，通常，体の器官として捉えられるのと同じ意味で，言語に関わる器官としてみなされるということである．したがって，他の器官と同様に，言語機能には遺伝子の形態で初期状態 (initial state) がある．これは言うまでもなく，人間に共通したものである．その後，この初期状態は周りの環境に影響を受け，変化しながら，達成状態 (attained state) に至る．生成文法では，初期状態の理論と達成状態の理論をそれぞれ，普遍文法と個別文法と呼ぶ．ここで生じるのは，記述的妥当性と説明的妥当性の緊張という問題である．つまり，個別言語の現象や文法の特徴を適切に記述するためには，多種多様な規則や複雑な条件が必要になるが，人間固有の言語機能を解明し，生成文法の説明的な妥当性を高めるには，規則の数や種類を減らし，条件を簡素化する必要がある．生成文法では，この緊張関係は，パラメーター (parameter) の種類とその値 (value) を発見することによって解決されると考えられている．

　従来，言語機能には，認知システムと運用システムの一部が含まれると仮定されていた．前者は，言語の音と意味と構造に関する情報をたくわえるシステムであり，後者は，この情報にアクセスして使用するシステムである．しかし，Chomsky (2000) では，この考え方をさらに押し進め，言語機能は認知システムのみからなり，運用システムは言語機能の外部にあるという作業仮説が提案された．

　さて，認知システムは，音や意味や構造などの言語情報を運用システムに供給する．運用システムには，感覚運動システム (sensorimotor systems) と思考システム (systems of thought) の 2 種類があるので，認知システムは，この 2 種類の下部システムに適合するような情報，すなわち，〈音声形式 (phonetic form: PF)，論理形式 (logical form: LF)〉とい

う言語表現を生成しなければならない．(音声形式と論理形式は，それぞれ，感覚運動システムと思考システムに情報(あるいは指示(instructions))を与える表示レベルである．)

換言すると，認知システムの計算システム (computational system for human language) は，可読条件 (legibility condition) を満たす音声形式と論理形式を生成しなければならない．この条件は，従来，素出力条件 (bare output condition) と呼ばれたもので，音声形式，論理形式はそれぞれ，感覚運動システムと思考システムにおいて解読可能でなければならないことを要請する．計算システムがある言語表現を派生し，その言語表現が音声形式か論理形式のいずれかのインターフェイス・レベルで解読可能であれば，つまり，外側の運用システムに指示を与えるような要素のみから構成されていれば，その言語表現の計算は収束する (converge) と言う．そうでなければ，そのインターフェイス・レベルで破綻する (crash) と言う．さらに，計算が音声形式と論理形式の両方のインターフェイス・レベルで収束するならば，その計算は収束すると言う (Chomsky 2000).

さて，音声形式と論理形式は，語彙目録 (lexicon) から語彙配列 (lexical array) が選択され，それに併合 (Merge)，一致 (Agree)，移動 (Move) という操作が適用されることによって派生される．

(13)　a.　併合：2つの統語構成物 (α, β) から，より大きな単一の統語構成物 (α, β) を形成する操作．
　　　b.　一致：語彙項目 α とある限られた探査領域 (search domain) 内にある素性 F (feature) との間に，一致(格照合)の関係を確立する操作．
　　　c.　移動：語彙項目 α と素性 F の間に一致関係を確立し，F によって決定される句 P (F) を α の投射 (projection) に併合する操作．　　　(Chomsky 2000, 101)

併合は，言語のような体系ではいずれにしろ不可欠なものであり，一致は，言語特有のものであると仮定されている．また，移動は，(13c) からわかるように，併合と一致を合わせ持った，より複雑な操作である．したがって，これらの操作が同時に適用される場合には，併合と一致のほうが

移動より先に適用されることになる.

　これ以外に，純粋な併合（Pure Merge）（移動の一部ではない純粋な併合）が仮定されている.

　（14）　θ位置の純粋な併合は，項に要求(かつ限定)される.

(ibid., 103)

（14）では，θ位置に併合によって導入されるものは項に限られる，と主張されている．これによって，たとえば，意味役割を持たない虚辞（expletive）はθ位置に併合によって派生構造に導入されることはない．その意味で，(14)はθ理論の原理と言われる．

　具体的な例の検討に入る前に，語彙項目を見てみよう．Chomsky (2000, 2001) では，語彙項目は，実詞的（substantive）なものと機能的（functional）なものに分類される．前者には形容詞，動詞，名詞，前置詞が含まれ，これらは語彙範疇と呼ばれる．また，後者には表現の効力（force）・法（mood）を表す補文標識（C），時制・イベント構造を表す要素（T），他動詞構文の主要部である軽動詞 v があり，これらは核機能範疇（core functional category）と呼ばれる．核機能範疇は ϕ 素性を持つことができ，格の一致や転位（dislocation）システムの中核となる要素である．核機能範疇の特性として，これらの間に意味的な選択関係（たとえば，CがTを選択する）がある．また，核機能範疇は(複数の)指定部を持つことができる．たとえば，Cではその指定部に wh 句が，Tでは表層主語が，そして，v では目的語転移（object shift）によって繰り上げられる要素が生起する．これは C, T, v が持つ解釈不可能な EPP 素性によって引き起こされる．

　さて，ここで (15) のような文の派生を考えてみよう．これは (16) のように派生される．

（15）　What did you see t?
（16）　a.　[$_{VP}$ [see] [what]]　　（see と what の併合）
　　　　b.　[$_{vP}$ [v] [$_{VP}$ see what]]　　（v と VP の併合）
　　　　c.　[$_{vP}$ [you] [$_{v'}$ [v] [$_{VP}$ see what]]]　　（you と vP の併合）

d. [$_{TP}$ [T] [$_{vP}$ you [$_{v'}$ v [$_{VP}$ see what]]]]　（T と vP の併合）
e. [$_{TP}$ you [$_{T'}$ T [$_{vP}$ t_{you} [$_{v'}$ v [$_{VP}$ see what]]]]]　（you の移動）
f. [$_{CP}$ C [$_{TP}$ you [$_{T'}$ T [$_{vP}$ t_{you} [$_{v'}$ v [$_{VP}$ see what]]]]]]

（C と TP の併合）
g. [$_{CP}$ what [$_{C'}$ C [$_{TP}$ you [$_{T'}$ T [$_{vP}$ t_{you} [$_{v'}$ v [$_{VP}$ see t_{what}]]]]]]]

（what の移動）

(16a) の what, (16c) の you の位置は θ 位置であるので，その併合は (14) の原理に違反しない．(16b) では，v と what に一致が適用され，v の ϕ 素性が削除され，what に対格という値 (value) が与えられ，その格素性が削除される．同様に，(16e) では，T と you に一致が適用され，T の ϕ 素性が削除され，you に主格という値が与えられ，その格素性が削除される．さらに，T が EPP 素性を持っているので，you が T 指定部に移動することによってその素性が削除される．また，(16g) では，C と what に一致が適用され，C と what の解釈不可能な素性が削除される．さらに，C が EPP 素性を持っているので，what が繰り上がることによってその素性が削除される．

以上が，Chomsky (2000, 2001) の MP の基本的な考えである．ここで，少し振り返って，1.1 節で見た移動の条件や一般制約は，MP においてどのように捉えられているかを考察しよう．まず，Chomsky (1995) では，任意の要素 α を移動させる規則（Move α）が，任意の素性 F を移動させる規則（Move F）に修正され，さらに，この規則は素性の牽引（Attract F）に変更された．繰り上げられる要素が範疇ではなく素性であるとするのは，MP ではごく自然なことである．なぜなら，範疇よりも素性を繰り上げるほうが，経済的で最小の操作だからである．Chomsky (1995) では，顕在部門と非顕在部門のどちらにおいても，素性が照合領域に繰り上がることになる．しかし，顕在部門では素性のほかに，その範疇自体が繰り上がるが，これは経済性の条件(概略,「素性 F は，収束するために充分なだけの要素を持って移動する」を意味する)の要請によるものである．なぜなら，移動要素を含む派生が音声形式部門で収束するには，素性だけでなく，それを含む範疇が繰り上げられなければならないからであ

る．Chomsky (1995) はこのような範疇の繰り上げを，一種の「一般化された随伴」(generalized pied-piping) であると考えている．また，素性の移動が素性の牽引に変更されたのは，最小連結条件 (MLC)（概略「要素 α を移動の標的 K に移動できるのは，K に移動可能で，α よりも K に近い位置にある β が存在しない場合に限る」）を，より自然な形で移動の定義のなかに取り込むことができるからである．素性牽引は次のように定義されている．

(17) 素性牽引： K は，その下位標示 (sublabel) と照合関係に入りうる最も近い素性 F があれば，その F を牽引することができる．
(Chomsky 1995, 297)

(17) の下位標示とは，K の主要部に含まれる素性を言う($\Rightarrow$ 第 5 章)．

素性牽引は，MLC を「最も近い素性 F を牽引する」という形で取り込んでいるので，本書の第 2 章以下で議論する次のような例を説明することができる．

(18) a. *Guess [[to whom]$_2$ [$_{C'}$ Q [they remember [which book]$_1$ to give t_1 t_2]]].
b. *John$_1$ T seems [that it was told t_1 [that we were asked to build airplanes]].
c. *Have they could t left?

(18a) では，Q (疑問 (question) を表す素性) に近い要素は which book であるのに，それより遠い to whom が Q によって引き付けられている．また，(18b) では，T に近い要素は it であるのに，それより遠い John が T によって引き付けられている．さらに，(18c) では，文頭の C に近い主要部は could であるのに，それより遠い have が C によって引き付けられている．(17) はこれらの派生を適切に阻止する．

しかし，Chomsky (2000, 2001) では，素性牽引は廃棄されている．すでに述べたように，Chomsky (1995) では，核機能範疇の解釈不可能な素性（格素性など）は，別の範疇のそれと同じ（解釈不可能な）素性をその指定辞か主要部に牽引し，素性照合が行われていた．ところが，Chomsky

(2000, 2001) では，格素性の照合と移動操作は切り離され，そのような解釈不可能な素性の照合，削除は，一致操作により行われる．具体的には，一致という操作は，解釈されない素性 (= 探針 (probe)) と語彙項目の素性 (= 目標 (goal)) の間で，次のようなシステムのもとで行われる．

(19) 探針と目標のシステム (Probe-Goal System)：
　　a. 素性のマッチング (matching) とは，素性同士が同一であることである．
　　b. 探針の領域は，その姉妹関係にある要素である．
　　c. 局所性 (locality) は，最も近い c 統御関係に還元される．
　　　　　　　　　　　　　　　　　　　　　　(Chomsky 2000, 122)

したがって，素性牽引という規則は，探針と目標の間の素性一致に姿を変え，MLC は (19c) のような形で取り込まれている．実際の一致操作の適用方法は (16b, e, g) で説明したとおりである．

では，Chomsky (2000, 2001) では，移動はどのように考えられているのであろうか．これは，(13c) で示したように，探針と目標の間に一致関係があり，同時に，探針に EPP 素性がある場合，目標を探針の指定部に移動したり，それに付加したりすることになる．さらに，生成文法では，要素は最短距離の移動を連続的に行って，最終的な位置に移動すると仮定されてきた．これは移動の局所性と言われる．Chomsky (2000) は，この局所性条件を捉えるために，1 つは (19c) のように，一致のなかに MLC を取り込み，もう 1 つはフェイズ (phase) という概念を導入して，フェイズ不可侵条件 (Phase-Impenetrability Condition: PIC) を提案している．

(20) フェイズ： C あるいは v を含む語彙的な下位配列 (lexical sub-array) から派生された統語構成素を，派生のフェイズと言う．
　　　　　　　　　　　　　　　　　　　　　　(Chomsky 2000, 106)
(21) フェイズ不可侵条件： 主要部 H のフェイズ α において，H の領域は α の外で適用される操作にアクセスされないが，H とその指定部はアクセス可能である．　　　　　　　(*ibid.*, 108)

(20) に従えば，フェイズを形成する範疇は vP と CP となる．また，(21)

によれば，フェイズ α の外で何らかの操作をこの α に適用する場合，適用を受ける要素は α の指定部か主要部に限られる．したがって，(22) のような文では，4 つのフェイズ (vP_1, CP_1, vP_2, CP_2) があるが，(21) により，which paper が文頭に移動するには，vP_1, CP_1, vP_2 の各フェイズでそれぞれの指定部にこの wh 句を移動しておかねばならない．

(22) Which paper do you think that John will review t?

(23) [$_{CP2}$ which paper [C_2] [$_{TP}$ you [$_{vP2}$ [v_2] [$_{VP}$ think [$_{CP1}$ [C_1] [$_{TP}$ John will [$_{vP1}$ [v_1] [$_{VP}$ review t]]]]]]]]

Chomsky (2000) は，これを保証するために，(24) のような規則を仮定している．

(24) フェイズ PH の主要部 H には，EPP 素性が付与されてもよい．
(Chomsky 2000, 109)

したがって，派生される各フェイズ vP_1, CP_1, vP_2 において (24) が適用されるならば，which paper はそれぞれのフェイズの指定部に移動するので，この wh 句は PIC に違反することなく，最終的な位置である CP_2 の指定部に移動できる(⇒ 2.3; 第 5 章)．

(25) [$_{CP2}$ which paper [C_2] [$_{TP}$ you [$_{vP2}$ t [v_2] [$_{VP}$ think [$_{CP1}$ t [C_1] [$_{TP}$

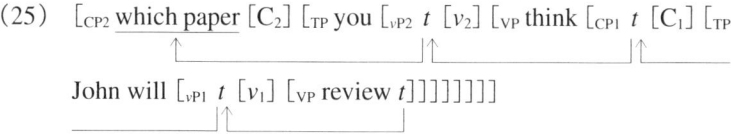

John will [$_{vP1}$ t [v_1] [$_{VP}$ review t]]]]]]]]

このように，最近の MP では，格素性の照合と移動操作は切り離され，素性の照合(と削除)は探針と目標の間の一致操作で行われ，探針が EPP 素性を持つ場合に，移動操作が適用されることになった．また，移動の局所性は，PIC によって捉えられている．

第 2 章　非項位置への移動

2.1　非項位置への移動の特徴

　本節では，非項位置への移動によって派生される構文の特徴や，派生方法について議論する．非項位置とは，第 1 章で見たとおり，一致素性を持たない要素の指定部への移動をさす．本節で取り扱う構文は，話題化構文，分裂構文，寄生空所構文，tough 構文，否定倒置構文である．

2.1.1　話題化構文

　英語では，(1) のように，文の主語以外の要素が文頭にくることがある．このような構文を話題化構文という．「話題化」(topicalization: TOP) は Ross (1967, 1986) の用語であるが，これがイディッシュ語 (Yiddish) によく見られることから，Y 移動 (Y-movement) と呼ばれることがある (Postal 1971, 142)．

(1)　a.　*John*, I really like.
　　　b.　*To John*, I gave a book.

　この構文には，「話題の話題化」(topic topicalization) と「焦点の話題化」(focus topicalization) の 2 種類がある (Gundel 1974; Culicover 1991)．
　そこで，まず，この 2 つの話題化の特徴から考えてみよう．「話題の話題化」と「焦点の話題化」は，ともに (2a) のような表現形式を持つ．しかし，(2a) が話題の話題化として用いられる場合，(2b) のような問いに

対して適切な答えになるので，John は文の「話題」(topic)を表し，he called は「評言」(comment)を表す．一方，(2a)が焦点の話題化として用いられる場合，(2c)のような問いに対して適切な答えになるので，John は文の「焦点」(focus)を表し，それに続く文(ここでは he called someone)は「前提」(presupposition)として解釈される．

（2） a. *John* he called.
　　　 b. What about John?
　　　 c. Who did he call?　　　　　　　（Gundel 1974, 134）

この 2 種類の話題化には，① 前置された要素に第 1 強勢があるかどうか，② 前置された要素とそれに続く文の間に，音調の切れ目があるかどうか，③ 前置された要素が担う情報が新しいかどうか，④ どのような文にパラフレーズできるか，⑤ 話題の島を形成するかどうか，などに関して，(3)に示されるような違いがある．(今井・中島 (1978)，村木・斎藤 (1978)，Prince (1981)，Gundel (1974)，Culicover (1991) など参照．また，上記以外に弱交差効果 (Weak Cross-over Effect) の有無の違いもある (⇒ Rizzi 1997)．)

（3）

	話題の話題化	焦点の話題化
① 第 1 強勢の有無	なし	あり
② 音調の切れ目の有無	あり	なし
③ 情報の種類	旧情報	新情報
④ パラフレーズの種類	左方転移構文	分裂構文
⑤ 島の形成の可能性	あり	なし

①–③ に注目すれば，(2a)は次の 2 通りに示すことができる．なお，大文字は第 1 強勢を有する要素である．

（4） a. *John*, he CALLED.
　　　 b. *JOHN* he called.　　　　　　　（Gundel 1974, 134）

(4a)は「話題の話題化」を表す．John は第 1 強勢を持たず，その後に音

調の切れ目があり，旧情報を担う．一方，(4b) は「焦点の話題化」を表す．John は第 1 強勢を持ち，その後に音調の切れ目がなく，新情報を担う．また，④, ⑤ の事実は次の例によって示される．

（ 5 ） 話題の話題化
    a.　(As for) John₁, he called him₁.　　（Gundel 1974, 135）
    b.　*This is the book which, *to Robin*, I gave.
                                         （Culicover 1991, 32）

（ 6 ） 焦点の話題化
    a.　It was John that he called.　　（Gundel 1974, 135）
    b.　This is the book which *to Robin* I gave.
                                         （Culicover 1991, 32）

次に，この構文の派生の方法を考えてみよう．生成文法理論では「話題の話題化」が主に議論されてきたので，以下これを中心に考察する．まず，Ross (1967, 1986) は話題化を，S に要素を付加する操作として規定した．(これはその後，Emonds (1976), Chomsky (1977) によって批判されたが，Baltin (1982), Lasnik and Saito (1992) でふたたび採用された．)

（ 7 ） a.　*This book* I really like.
    b.　[$_S$ this book [$_S$ I really like ___]]

この話題化は (8) のように，島の制約 (⇒ 2.2.2) に従う．

（ 8 ） a.　**This hat* I know the boy who was wearing ___ ．［複合名詞句制約］
    b.　**This hat* that he was wearing ___ is certain.　［文主語制約］
    c.　**This hat* the gloves and ___ were on the table.　［等位構造制約］
    d.　**John's* I stole ___ bike.　［左枝分かれ条件］
                                             （Ross 1967, 215）

一方 Emonds (1976) は，構造保持制約（「要素の移動はその要素と同じ範疇の位置に限られる」）のもとで，話題化を，補文標識 (COMP) へ要素

を代入する変形として規定した．それによれば，(9a) は (9b) のように派生される．

(9) a. *This book* I really like.
  b. [ₛ [COMP [NP this book]] I really like [NP ___]]

Emonds (1976) では，話題化は根変形(主文にのみ適用される変形)であると仮定されているので，次の (10) が示すように，話題化と他の規則との競合関係に厳しい制限が見られる．まず，話題化は，埋め込み文に生じない ((10a))．これは，話題化が根変形であるということで，自動的に説明される．また，話題化 (t) が「方向の副詞の前置 (a)」，「否定要素の前置 (b)」，「動詞句前置 (c)」，「分詞句前置 (d)」などの根変形と競合することもない ((10b–e))．さらに，話題化 (t) は COMP に要素を代入する WH 移動 (e) とも競合しない ((10f))．なぜなら，COMP には 1 つの要素しか生じないからである．なお，(10b–f) のそれぞれ後ろに記した (x, y) は，x が y より先に適用されるという順序を示す．

(10) a. *I fear (that) *each part* John examined carefully.
  b_1. **That house* into ran the boys. (a, t)
  b_2. *Into the house *the chairs* the boys shoved. (t, a)
  c_1. **These steps* never did I sweep with a broom. (b, t)
  c_2. *Never {did *these steps* / *these steps* did} I sweep with a broom. (t, b)
  d_1. *He said I would like her, and *her* like I do. (c, t)
  d_2. *John said she would help him willingly, and help willingly *him* she does. (t, c)
  e_1. **The President* speaking to now is our top reporter. (d, t)
  e_2. *Speaking to now *the President* is our top reporter. (t, d)
  f_1. **These steps* what did you use to sweep with? (e, t)
  f_2. *What {these steps did / did these steps} you use to sweep with? (t, e)

(Emonds 1976, 31–42)

しかし，Emondsの分析には反例がある．たとえば，話題化は主動詞の種類によって埋め込み文内でも適用されるし((11a))(とくに，claim, say, report, be sure, suppose, think, seemなどでは可能(Hooper and Thompson 1973)，埋め込み文内の話題化は，否定前置と共起する((11b))．

(11) a. The inspector explained that *each part* he had examined very carefully.　　(Hooper and Thompson 1973, 474)
　　　b. It is obvious that *John*, only rarely would I need to visit.
　　　　　　　　　　　　　　　　　　　(Culicover 1981, 29)

一方，Chomsky (1977) は，話題化がWH移動の統語特徴(① 文に空所 (gap) がある，② 複数の埋め込み文のなかから取り出せる，③ 複合名詞句制約，wh島の制約に従う)を持つことに注目して，この構文をWH移動により派生する．

(12) a. *This book*, I really like.
　　　b. *This book*, I asked Bill to get his students to read.
　　　c. **This book, I accept the argument that John should read.
　　　d. **This book, I wonder who read.　　(Chomsky 1977, 91)

Chomskyは，まず，句構造規則として (13a, b) を仮定し，(14a) のような文を (14b) のように派生する．(14b) では，this bookがTopic (TOP) で基底生成され，whatがlikeの目的語の位置からCOMPのなかに移動した後，削除される．このWH移動は後に空演算子 (empty operator: O) の移動として分析しなおされる．

(13) a. S″ → TOP S′
　　　b. S′ → COMP {S″, S′}
(14) a. *This book*, I really like.
　　　b. [$_{S″}$ [$_{TOP}$ this book] [$_{S′}$ [$_{COMP}$ what ⇨ φ] [$_S$ I really like ___]]]

この分析では，(13) を仮定することにより，(11a) のように話題化が埋め込み文にも生じることが説明できるが，次の (15) の文法性の違いが説明できない．なぜなら，この分析は話題化構文 (15a) と左方転移構文

(15b) が同じ基底構造から派生され，左方転移構文は話題化構文にある痕跡の位置に代名詞が生じるものであるので，話題化が可能な場合には左方転移も可能であると予測するからである．

(15) a. He's a man to whom *liberty*, we could never grant ___.
　　　b. *He's a man to whom *liberty*, we could never grant it.
　　　　　　　　　　　　　　　　　　　　　　　（Baltin 1982, 17–21）

　この問題を解決したのは，Lasnik and Saito (1992) である．彼らは Chomsky (1977) の分析に加えて，Ross (1967) の分析，すなわち，付加による話題化も採用している．具体的には，Chomsky (1977) の句構造の S″ と S′ をそれぞれ Topic Phrase (TP)，CP と修正し，TP の生起可能性を主節に限定している．Lasnik and Saito の分析によると，話題化構文は，TP を用いた方法と付加操作によって派生されるが，左方転移構文は，TP を用いた方法によってのみ派生される．埋め込み文では，TP がないため，話題化構文の派生は付加操作による方法しかないが，左方転移構文はいかなる方法によっても派生されない．たとえば，(16) のような文を考えてみよう．

(16) a. That [$_{IP}$ *this solution*], [$_{IP}$ I proposed *t* last year]] is widely known.
　　　b. *That *this solution*, I proposed it last year is widely known.
　　　　　　　　　　　　　　　　　　　　　　（Lasnik and Saito 1992, 77）

上述の仮定により，(16) の埋め込み文には TP がない．したがって，(16b) のような左方転移構文は生じない．なぜなら，この構文は TP を用いなければ派生されないからである．一方，(16a) のような話題化構文は，this solution を文 (IP) に付加することにより生成される．

　Lasnik and Saito の分析では，主文の話題化は，(17a, b) のように，TP の TOP 位置に話題化要素を基底生成し，wh 要素を COMP に移動させるか，あるいは，話題化要素を IP に付加させることによって派生される．一方，埋め込み文の話題化は，(18) のように，話題化要素を IP に付加させることによって派生される．

(17) a. [$_{TP}$ *this book* [$_{CP}$ WH [$_{IP}$ you should read *t*]]]
　　 b. [$_{IP}$ *this book* [$_{IP}$ you should read *t*]]
(18) I believe that [$_{IP}$ *this book* [$_{IP}$ you should read *t*]].

また，Lasnik and Saito は付加構造が障壁になると仮定しているので，これにより，話題化が島を形成することが説明される．

(19) a. *Who$_1$ do you think *this book*$_2$ *t*$_1$ likes *t*$_2$?
　　 b. [who$_1$ do you think [*t*$_1$′ [$_{IP}$ *this book*$_2$ [$_{IP}$ *t*$_1$ likes *t*$_2$]]]]

以上は「話題の話題化」を中心に考察した分析であるが，この話題化と「焦点の話題化」の両方を考察した分析に，Gundel (1974), Culicover (1991) がある．とくに，Culicover はこの 2 つの話題化のうち，「話題の話題化」だけが島を形成することに注目して，「焦点の話題化」では CP と IP の間に，PolP (Polarity Phrase) が存在すると提案している．

(20) a. *Which book did Lee say that, *to Robin*, she gave?
　　 b. Which book did Lee say that *to Robin* she gave?

Culicover の分析によれば，「話題の話題化」では，話題化される要素が最大投射 (IP など) に付加され ((21a))，「焦点の話題化」では，焦点となる要素が PolP 指定部に移動する ((21b))．

(21) a. ... C [$_{IP}$ *to Robin*] [$_{IP}$ she gave which book *t*]]
　　 b. ... C [$_{PolP}$ [*to Robin*] Pol [$_{IP}$ she gave which book *t*]]

さらに彼は，Cinque (1990) の分析を援用して，(21a) の内側の IP は選択されないので移動の障壁になるが，(21b) の PolP, IP はそれぞれ C, Pol によって選択されているので障壁にならないとして，「話題の話題化」の島の効果を説明している．

2.1.2　分 裂 構 文

　分裂文 (cleft sentence) とは，文のある要素を焦点 (focus) として際立たせるために，It be X that Y という表現形式を用いて，X にその要素を

入れ，残りを Y に置いて，文を 2 つに分けた文を言う．なお，この用語は Jespersen (1937) に由来し，学校文法では強調構文と呼ばれる．

(22) a. She bought a car.
b. It was *a car* that she bought.

この構文には，次のような特徴がある．まず，表現形式 It be X that Y の X に生じる要素は，NP (動名詞を含む) と PP に限られ (23a–c)，AP, AdvP, VP (現在分詞形を伴うものを含む)，to 不定詞節，that 節は現れにくい (23d–i)．

(23) a. It's *the custard pie* that I disliked.
b. It was *buying a new hat* that I enjoyed.
c. It was *to John* that she spoke.
d. *It's *very unhappy* that Bill is.
e. *It was *too carefully* that she spoke.
f. *It is *blow up some buildings* that you should.
g. *It was *throwing away some letters* that John noticed Bill.
h. *It was *to report on time* that we failed.
i. *It was *that the guests left* that John drank so much.
(Emonds 1976, 132–133)

ただし，名詞句でも (24) のように，X に間接目的語は生じない．しかし，これは分裂化に限らず，wh 疑問化，関係詞節化，擬似分裂文化など，非項位置への移動全般に言える．したがって，これは間接目的語特有の事情によるものである．

(24) *It is *the girl* that John gave the book.
(25) a. *Who did John give the book?
b. *The girl that John gave the book is very pretty.
c. *The person who John gave the book is Mary.
(村田 1982, 214)

(23) で示された特徴には例外がある．X 位置に that 節を容認する文法

家がいるし ((26))，X 位置に AP, AdvP が生じても，それらに対比的な解釈がなされたり焦点の only を伴えば，容認性が高まる ((27))．

(26) It is *that the world is flat* that I believe.
　　　　　　　　　　　　　　　　　　(Culicover 1976, 207)
(27) a. It wasn't *quite depressed* that he appeared that day, just slightly sad.　　(McCawley 1998, 465)
　　 b. It was *only reluctantly* that he agreed to swim at all.
　　　　　　　　　　　　　　　　　　(Chomsky 1977, 95)

次に，この表現形式 It be X that Y の that に代わる，wh 語を考えてみよう．that の代わりとしては，who, ゼロ代名詞, whose などに限られ ((28a, b))，which, whom はまれに用いられるが，これらの wh 語が前置詞を伴って用いられることはない ((28c, d)) (Quirk et al. 1985; Huddleston 1984)．さらに，where, when, why, how などの wh 語は許されない ((28e–h))．

(28) a. It was John {that / who / ϕ} I talked to.
　　 b. It was John whose brother was arrested.
　　　　　　　　　　　　　　　　　　((a, b): McCawley 1998, 464)
　　 c. *It was the dog to which I gave the water.
　　　　　　　　　　　　　　　　　　(Quirk *et al*. 1985, 1387)
　　 d. ?It was Ed to whom she was referring.
　　　　　　　　　　　　　　　　　　(Huddleston 1984, 460)
　　 e. *It was in Boston where he first met her.
　　 f. *It was yesterday when I realized my folly.
　　 g. *It was to irritate me why she did that.
　　 h. *It was by standing on a ladder how John did that.
　　　　　　　　　　　　　　　　　　((e–h): Akmajian 1970, 163–164)

ただし，これも個人差があり，たとえば McCawley (1998) は when がこの構文に生じうると判断している．

(29) It was Tuesday when I received your letter.
　　　　　　　　　　　　　　　　　　(McCawley 1998, 464)

さらに，この構文の興味深い統語的特徴は，that 節内の動詞の一致現象に見られる．

たとえば，表現形式 It be X that Y の X が常に対格代名詞をとるが，that 節の動詞は常に 3 人称の数 (number) で一致する方言がある ((30))．また，that 節の動詞は X の人称に関係なく，常に 3 人称の数において一致するが，X に生じる代名詞の格に違いがある方言もある．すなわち，that 節に主格名詞句がある場合には，X に対格代名詞が生じ ((31b))，that 節に主格名詞句がない場合は，X に主格代名詞が生じる ((31a))．さらに，X に主格代名詞，対格代名詞をともに許すが，主格代名詞の場合のみ that 節の動詞がその代名詞の人称において一致し ((32a))，そうでなければ動詞は 3 人称の数で一致する方言もある ((32b))．

(30) a. It's {*me* / *you* / *him*} who is responsible.
   b. It's {*John and me* / *us* / *them*} who are responsible.
(31) a. It is *I* who is being chased by Mary.
   b. It is *me* who Mary is being chased by.
(32) a. It is *I* who {am / *is} responsible.
   b. It is *me* who {*am / is} responsible.
           ((30)–(32): Akmajian 1970, 150–153)

また，再帰代名詞についても興味深い統語的特徴が見られる．表現形式 It be X that Y の X に再帰代名詞がある時，通常，that 節内の代名詞に人称において一致する ((33))．しかし，that 節に再帰代名詞がある時，再帰代名詞の人称は X の格に関係なく常に 3 人称(数の一致もある)になる場合 ((34)) と，X の代名詞に一致する場合 ((35)) がある．

(33) a. It was *myself* that I shaved.
   b. It was *yourself* that you cheated.
(34) a. It's *me* that cut himself so badly.
   b. It's *you and me* who nearly drowned themselves out in the lake.   ((33), (34): Akmajian 1970, 155–158)
(35) a. It's *me* that cut myself.

b. It's *you* that cut yourself.

　一方，この構文の意味的特徴としては，that 節が旧情報を表す場合と新情報を表す場合がある．

(36) a. It was *Ed* who broke it.
　　　b. It is *only since he died* that she has come to appreciate the importance of what he was trying to achieve.
　　　　　　　　　　　　　　　　　　（Huddleston 1984, 464–465）

(36a) は，Someone broke it. が前提になるような文脈で用いられる．すなわち，that (who) 節は旧情報を表し，Ed が新情報を表す．したがって，Ed が新情報であるがゆえに，It was not Ed who broke it. のように否定することもできる．また，who 以下は旧情報なので，省略することも可能である．これに対して，(36b) の that 節は新情報を表す．また，この文の X の部分 (only since he died) は (36a) と異なり，否定することはできない．

　次に，分裂文の派生を考えてみよう．まず，Akmajian (1970) は分裂文を，擬似分裂文から分裂外置 (cleft extraposition) によって派生する．たとえば，次の (37) では，who is sick が分裂外置を受けている．

(37) [s [NP it [s ___]] is me [s who is sick]]
　　　　　　　　└──────────────↑

このような派生を仮定する理由は，分裂文が擬似分裂文と，時制 ((38))，even などの副詞 ((39))，一致 ((40)) において共通した統語的特徴を持つからである．

(38) a. *It was John who will eat all the cheese.
　　　b. *The one who will eat all the cheese was John.
(39) a. *It was even John who hit Bill.
　　　b. *The one who hit Bill was even John.
　　　　　　　　　　　　　　((38), (39): Gundel 1974, 127)
(40) a. It's {John and me / us} who are responsible.

b. The ones who are responsible are {John and me / us}.
　　　　　　　　　　　　　　　　　　　　（Akmajian 1970, 150–151）

ただし，この分析には問題点がある．それは，対応する基底構造(擬似分裂文)が存在しないにもかかわらず，分裂文としては容認可能な文があることである．

(41) a. It is to John that I spoke.
　　　b. *(The one) that I spoke was to John.
　　　　　　　　　　　　　　　　　　　　　　　（Emonds 1976, 139）

これに対して，Emonds (1976) は，基本的には Akmajian (1977) の分析の分裂外置 (42c) を採用しつつ，加えて焦点配置 (focus placement) (42b) を提案している．焦点配置を仮定する理由は，この規則により，Akmajian で問題になっていた (41a) が適切に派生されるからである．

(42) a. [$_{NP}$ Δ [$_S$ that I spoke [$_{PP}$ to John]]] was PP S
　　　b. [$_{NP}$ it [$_S$ that I spoke [$_{PP}$ ＿]]] was [$_{PP}$ to John] S
　　　c. [$_{NP}$ it [$_S$ ＿]] was [$_{PP}$ to John] [$_S$ that I spoke [$_{PP}$ ＿]]
　　　　　　　　　　　　　　　　　　　　　　　（Emonds 1976, 142）

Emonds はこれらの変形を，構造保持変形（Structure-Preserving Transformation）であると仮定している．その結果，表現形式 It be X that Y の X に生じる範疇は NP, PP だけであり ((23a–c))，VP, S は生じないことが説明される ((23f–i))．なぜなら，構造保持変形は，句構造規則によって生成される構造 (43a) にのみ適用され，(23f–i) の構造である (43b, c) は，そもそも句構造規則によって生成されないからである．

(43) a. [$_{VP}$ V {NP / PP} S]
　　　b. *[$_{VP}$ V VP S]
　　　c. *[$_{VP}$ V S S]

このように Emonds の分析は，分裂外置を構造保持変形と仮定していることにその特徴があるが，この仮定には問題点もある．たとえば，

(23d, e) のように，表現形式 It be X that Y の X に AP, AdvP が生じないという主張には，反例 (27) があるだけでなく，仮に (23d, e) タイプの例が非文法的としても，この非文法性は彼の分析では説明できない．なぜなら，句構造規則によって V [$_{AP}$ A [$_S$ ...]] (= is likely that ...), V AdvP S (= think deeply that ...) という構造が生成されるからである．

一方，Chomsky (1977) は，分裂文の派生方法として 2 つあると主張している．それは，(i) WH 移動による方法と，(ii) 要素の前置による方法である．まず，(i) の根拠になった事実は，分裂文が wh 疑問文の統語的特徴(① 文に空所がある，② 複数の埋め込み節から取り出すことができる，③ 複合名詞句制約，wh 島の制約に従う)を有することである．

(44) a. It is this book that I really like.
b. It is this book that I asked Bill to get his students to read.
c. *It is this book that I accept the argument that John should read.
d. *It is this book that I wonder who read.
(Chomsky 1977, 95)

このような事実から，Chomsky は (45a) のような基底構造と (45b, c) の句構造規則を仮定したうえで，(46a) のような文を，(46b) のように WH 移動によって派生する．なお，WH 移動は，その後の分析では，空演算子の移動に修正される．

(45) a. It is S″
b. S″ → TOP S′
c. S′ → COMP {S″, S′}
(46) a. It is this book that I really like.
b. it is [$_{S″}$ [$_{TOP}$ this book] [$_{S′}$ [$_{COMP}$ what ⇨ φ] [$_S$ I really like t]]]

また，要素の前置によって派生されるのは，(47) のような例である．この種の例の特徴としては，(48) のように，焦点 X の部分が前置された文にパラフレーズでき，さらに，焦点の only when it rains が，(48) の

前置された要素と同様に，主節と結び付けられて解釈されることである.

(47) It is only when it rains that we have to sweep the court.
(48) Only when it rains we have to sweep the court.
(Chomsky 1977, 96)

したがって，(47)のような例は(49)のように，副詞要素をTOP位置に前置することによって派生される.

(49) It is [$_{S''}$ [$_{TOP}$ only when it rains] [$_{S'}$ that [$_S$ we have to sweep the court t]]].

以上がChomsky (1977)の分裂文に関する分析の概略であるが，この分析にも問題があり，たとえば，次のような文の(非)文法性が説明できない. なぜなら，Chomskyの分析では，分裂文は基本的に移動によって派生され，その移動がthat, whoの違いに関係なく適用されるからである.

(50) a. It was to a friend that I spoke.
      b. *It was to a friend who I spoke.   (Emonds 1976, 143)

2.1.3 寄生空所構文

寄生空所構文とは，一般に，空所の存在を許さない付加詞の島や主語の島(それぞれ [ ] の部分)(⇒ 2.2.2; 2.2.3)を持つ文の，島でない位置に空所((52)の t)を追加すると容認可能性が高まる文を言う.

(51) a. *Which articles did you file the report [without reading t]?
      b. *Which boy did [Mary's talking to t] bother you most?
(52) a. Which articles did John file t [without reading e]?
      b. Which boy did [Mary's talking to e] bother t most?
(Engdahl 1983, 5)

(52)には2つの空所 t, e があるが，(51)より，wh句の痕跡は島の外にある t であって，島の中にある e ではないと言える. 生成文法では，この t を真の空所 (real gap) と呼び，e を寄生空所 (parasitic gap) と言う.

寄生空所構文には，いくつかの興味深い特徴がある（cf. Taraldsen 1981; Engdahl 1983; Kayne 1984; Chomsky 1981, 1982, 1986; etc）．まず第一に，寄生空所 e が真の空所 t によって認可されなければならない．したがって，(53) のように，移動要素の痕跡がない場合，寄生空所構文は成立しない．

(53) a. *John filed a bunch of articles without reading *e*.
 b. *Mary's talking to *e* bothered John a lot.

第二の特徴は，この構文が (52) のような wh 疑問文だけでなく，関係節構文，話題化構文，分裂構文，tough 構文，too 〜 to 構文にも見られることである ((54a–e))．また，寄生空所構文は，重名詞句転移 (Heavy NP Shift) が適用された文でも容認可能である ((54f))．これらの構文は wh 句あるいは空演算子の非項移動 (A′-movement) によって派生されるので，もし重名詞句転移が右方への非項移動であるとすれば，寄生空所構文は非項移動によって派生されると言える．

(54) a. The report which I filled *t* without reading *e*.
  （Lasnik and Uriagereka 1988, 76）
 b. John, I insulted *t* by not recognizing *e*.
  （Browning 1987, 79）
 c. It was Irving who they proved associates of *e* to have bribed *t*. （Postal 1994, 63）
 d. This article is hard to read *t* without laughing at *e*.
  （Chomsky 1982, 64）
 e. This book is too interesting to put *t* down without having finished *e*. （*ibid*., 45）
 f. John filed *t* without reading *e* all the books on the third shelf.
  （Engdahl 1983, 12）

第三の特徴は，真の空所が非項位置への移動による痕跡に限られ，項位置への移動による痕跡であってはならないことである．

(55) a. *John was killed *t* by a tree falling on *e*.

b. *Mary seemed *t* to disapprove of John's talking to *e*.
　　　　　　　　　　　　　　　　　　　　(Engdahl 1983, 13)

　第四の特徴は，真の空所は非項移動による痕跡でなければならないが，それはいわゆる統語部門で生じたものに限られ，論理形式部門 (LF) で生じるものであってはならないことである．たとえば，(56) の which book, every report は，解釈のため LF で非項移動を受けると考えられている．(56) が非文法的であることから，寄生空所は LF で生じた痕跡によって認可されないことがわかる．

(56)　a. *Guess who filed which book without reading *e*.
　　　b. *John filed every report without reading *e*.

　第五の特徴は，非項移動による痕跡は，寄生空所とともに NP でなければならないことである．

(57)　a. *[_AP Tall] though Frank was *t* without looking *e*, he couldn't reach the shelf.
　　　b. *[_AdvP How long] does John drink *t* before lecturing *e*?
　　　c. *This is a topic [_PP about which] you should think *t* before talking *e*.
　　　d. *[_VP Abuse my ferret], I refused to accept that he could *t* even after seeing him *e*.　　　　(Postal 1994, 64)

(57) では，wh 句と寄生空所がそれぞれ AP, AdvP, PP, VP であり，この条件に違反している．
　さらに，たとえ非項移動による痕跡が NP であっても，それが指示対象を欠いている場合には，寄生空所構文に生起しない．

(58)　a. They turned into derelicts.
　　　b. [What kind of derelicts] did they turn into *t*?
　　　c. *[What kind of derelicts] did they analyze *t* after their children turned into *e*?
　　　d. *[What kind of derelicts] did they turn into *t* after their chil-

dren analyzed *e*?   (Postal 1994, 84)

(58a) の derelicts は，指示対象を持たない述部名詞句である．これは，(58b) のように WH 移動の適用を受けることはできるが，(58c, d) のように寄生空所構文には生じない．

最後に，真の空所 *t* が寄生空所 *e* を c 統御(要素 α が要素 β を支配せず，α を直接支配する節点が β を支配する時，α は β を c 統御すると言う)できないという特徴もある．

(59)　a.　*Which articles *t* got filed by John without him reading *e*?
　　　b.　*Who did you say *t* was bothered by John's talking to *e*?
                    (Engdahl 1983, 20–21)

(59) では，真の空所 *t* が主節の主語位置にあり，寄生空所 *e* を c 統御しているので，(59) は非文となっている．(ただし，これには後に見るように反例がある.)

次に，生成文法ではこの寄生空所構文がどのように分析されてきたかを見ることにしよう．まず，Chomsky (1982) はこの構文の寄生空所に対して，次のような認可条件を示している．

(60)　構文 (A) において，順序は問わないとし，α, t, e は同一指標が与えられているものと仮定すると，寄生空所 *e* に認可が与えられる必要十分条件は (B) である．
　　　(A)　...α...t...e...
　　　(B)　(i)　α は *t* と *e* を c 統御する．
　　　　　(ii)　*t* は *e* を c 統御することも，その逆もない．
　　　　　(iii)　α は (α, t) と (α, e) の連鎖の先頭部になることはない．
　　　　　(iv)　*e* は統率されており(したがって，*e* は RPO とはならないが)，θ 役割を持つ連鎖の頭部になる．
                    (Chomsky 1982, 66)

ここで，寄生空所構文の代表例として次のような例を考えてみよう．

(61)　a.　Which report did you file *t* without reading *e*?

b. *Which report *t* was filed without reading *e*?

(61a) では，which report が (60A) の α にあたり，COMP のなかにある．which report は *t* と *e* を c 統御するが ((60B (i)))，*t* と *e* の間には c 統御関係はない ((60B (ii)))．また，(60B (iii)) の連鎖は項連鎖(A 連鎖) をさしていて，(61a) の 2 つの連鎖 (which report, *t*)，(which report, *e*) は項連鎖ではないので，which report が項連鎖の先頭部にあるとは言えない ((60B (iii)))．さらに，*e* は統率されているし，連鎖は構成員 1 つでも成立するので，*e* は連鎖を形成し，θ 役割を持っている ((60B (iv)))．したがって，(61a) は (60B) のすべての条件を満たすので，寄生空所構文として認められる．これに対して，(61b) は，which report が *t* と *e* を c 統御しているので (60B (i)) を満たすが，*t* が *e* を c 統御しているので (60B (ii)) に違反している．その結果，(61b) は寄生空所構文として認められない．

　このように，(60) の認可条件は記述的には正しい結果をもたらすが，この条件自体は記述的一般化にとどまっている．Chomsky は，この条件が，普遍文法の一般原則の帰結として導かれるべきだと主張する．では，どのような一般原則が作用しているのであろうか．それを知るために，空範疇 (empty category) を理解しなければならない．Chomsky は，音形を持たない空範疇には，wh 痕跡(変項)，NP 痕跡，PRO などがあるが，これらは基本的に 1 つのタイプであり，派生や表示におけるそれらの役割によって，wh 痕跡，NP 痕跡，PRO に決定されると主張する．その決定の仕方は次のとおりである．

（62）　a.　項位置(A 位置)にあって局所的に非項束縛(A′ 束縛)された空範疇は，変項である．
　　　　b.　項位置にあって変項にならない空範疇は，照応形である．
　　　　c.　項位置の要素に束縛されていないか，独立した θ 役割を持つ項位置の要素に局所的に束縛されている変項でない空範疇は，代名詞類である．

ここで (61) を考えてみよう．一般に，同一指標は移動規則の適用に伴い

付与されるが，Chomsky は表層構造の項位置にも，自由に指標を付与することを仮定している．したがって，(61) の表層構造は次のようになる．

(63)　a.　[which report]$_i$ did you file t_i without reading e_i
　　　b.　*[which report]$_i$ t_i was filed without reading e_i

(63a) では，項位置にある e は，which report によって局所的に非項束縛されているので，(62a) により変項とみなされる．また，この e は束縛原理 (C)（John や Mary などの指示表現は決して束縛されてはならないということを示す条件）に違反しない．なぜなら，2 つの要素に束縛関係が成り立つのは，それらの間に c 統御関係がある場合であるが，(63a) の e と t の間には c 統御関係がないからである．一方 (63b) では，e と which report の間に which report の痕跡 t があり，e が t によって c 統御されているので，e は which report によって局所的に非項束縛されず，(62a) により変項とはみなされない．また，e は項位置にあり，かつ，変項ではないので，(62b) により照応詞となる．さらに，e は独立した θ 役割を持つ項位置の要素 t によって，局所的に束縛されている空範疇であるので，(62c) により代名詞類ともみなされる．したがって，e は照応形であり，同時に代名詞類であることは，PRO であることになる．PRO であれば，統率されてはならないという「PRO の定理」に従わなければならない．しかし，この e は統率されているので，この定理に抵触する．

　このように，Chomsky (1982) は，寄生空所構文を説明するために特別な条件を仮定するのではなく，普遍文法の一般原理で説明しようと試みた．これに対して Chomsky (1986) は，寄生空所構文が正しく解釈されるためには，適格な合成連鎖 (composed chain) が形成されなければならないと主張している．

　まず，Chomsky は寄生空所構文を，空演算子 (O) の移動によって派生する．

(64)　a.　What did you file t before reading e?
　　　b.　what did you file t [$_{PP}$ O [$_{PP}$ before [e' [reading e]]]]

(Chomsky 1986, 65)

その根拠は，寄生空所が島の効果を示すことである．次の (65b, c) には，wh 島，複合名詞句の島が存在するが，これらの文は (65a) のように島が存在しない文に比べて，明らかに文法性が落ちる．

(65)　This is the man John interviewed *t* before
　　a.　expecting us to tell you to give the job to *e*.
　　b. ??expecting us to ask you [which job to give to *e*].
　　c. *reading [the book you gave to *e*]. (Chomsky 1986, 55)

Chomsky (1986) は (64b) の構造に基づき，次の合成連鎖を提案している．

(66)　もし $C = (\alpha_1, \ldots, \alpha_n)$ が真の空所の連鎖であり，$C' = (\beta_1, \ldots, \beta_m)$ が寄生空所の連鎖であるならば，合成連鎖 $(C, C') = (\alpha_1, \ldots, \alpha_n, \beta_1, \ldots, \beta_m)$ は寄生空所構文に関連する連鎖であり，そのように解釈される．　　　　　　　　　(*ibid.*, 63)

次に問題になるのは，この合成連鎖がどのような条件のもとで認可されるかである．これに関して，Chomsky は次の 3 つの条件を示唆している．

(67)　a.　変項は，その先頭部の領域で自由でなければならない．
　　b.　最大項連鎖 (Maximal A-chain) の $(\alpha_1, \ldots, \alpha_n)$ は，1 つの格標示された位置 (α_1) と 1 つの主題標示された位置 (α_n) を持つ．
　　c.　合成連鎖 (C, C') において，C' の先頭部は C の最終要素に 0 下接していなければならない．　　　　(*ibid.*, 63–65)

ここで，(67a) が，次のような寄生空所構文の文法的な対比をどのように説明するか考えてみよう．

(68)　a.　[Who$_1$ [did you fire t_1 [$_{PP}$ O$_2$ [$_{PP}$ before [e_2' [talking to e_2]]]]]]?
　　b.　*[Who$_1$ [t_1 [$_{VP}$ resigned [$_{PP}$ O$_2$ [$_{PP}$ before [e_2' [we could fire e_2]]]]]]?

寄生空所構文が適切に解釈されるには，(68) では，真の空所の連鎖 C =

(who_1, t_1) と寄生空所の連鎖 $C' = (O_2, e_2)$ から，合成連鎖 $(C, C') = (who_1, t_1, O_2, e_2)$ が形成されなければならない．(68a) では，変項 e_2 が who_1 の領域内で項束縛されず，自由である．その結果，(67a) より，(68a) の合成連鎖が適切な連鎖とみなされる．一方，(68b) では，変項 e_2 が who_1 の領域内で t_1 によって項束縛され，自由ではない．したがって，(67a) より，(68b) の合成連鎖が適切な連鎖とみなされない．

次に，(67b) は，項連鎖が満たさなければならない条件である．Chomsky (1986) は，鎖リンクが c 統御条件を満たすようなすべての連鎖 ($\alpha_1, \ldots, \alpha_n$) に，(67b) の条件が適用されると仮定している．(68a) では t_1 が e_2 を c 統御していないので，(67b) は関係しない．しかし，(68b) では，項位置にある t_1 が e_2 を c 統御しているので，この合成連鎖は (67b) を満たさなければならない．この構造では t_1 が格標示位置にあり，さらに e_2 も格標示位置にあるので，この合成連鎖は (67b) に違反する．その結果，(68a) のみが寄生空所構文として解釈される．

最後に，(67c) を考えてみよう．(68a) では，t_1 と O_2 の間には障壁（これについては 2.2.5 節で詳述する）が存在せず，O_2 は t_1 に 0 下接する．一方，(68b) では，t_1 と O_2 の間に障壁 VP が介在している．したがって，(67c) により，(68a) の合成連鎖が適切なものとなり，この文のみが寄生空所構文として解釈される．

(67a–c) のなかで，(67c) のみが次の例の文法性を説明できる．

(69)　a.　Who did you convince t [O that Tom should visit e]?
　　　b.　*Who did you ask t [why you should visit e]?

(Chomsky 1986, 62)

(69a, b) では t が e を c 統御しているので，(67a, b) はこれらの文の文法性を説明できない．これに対して，(67c) は (69a) の合成連鎖が適切であるとする．なぜなら，(69a) のみにおいて，O が t に 0 下接しているからである．

(67c) の条件は妥当であると思われるが，問題もある．たとえば，次のような文法的な例では，(i) 空演算子 O はどのようにして生じるのか，さ

らに，(ii) O は t にどのように 0 下接するのか，不明である．

(70) a. Who would [a picture of *e*] surprise *t*?
b. A man who [whenever I meet *e*] *t* looks old.

また，(67c) は次の例の文法性を説明できない．なぜなら，この文の O は，(68b) と同様に，VP の介在により，*t* に 0 下接していないにもかかわらず文法的であるからである．

(71) someone who John expected *t* to [ᵥₚ be successful [꜀ₚ O though [believing [*e* to be incompetent]]]]　(Chomsky 1982, 54)

2.1.4　Tough 構文

英語では，(72) のように，to 不定詞節の動詞や前置詞の目的語とみなされる要素が，主語に現れることがある．((72) の ＿ は主語と関連した空所である．)

(72) a. John is easy (for us) to please ＿．
b. John is easy to get along with ＿．

学校文法では，このような文は第 2 文型 SVC と分類される．to 不定詞は副詞的用法である．この文に生じる述語には，難易度を表すもの (difficult, easy, hard, simple, tough; bitch, breeze, trouble)，感情状態を表すもの (amusing, delightful, fascinating, pleasant, tiring; delight, fun, joy)，価値判断を表すもの ((in)appropriate, harmful, illegal, stupid, useless) などがある．生成文法では，tough をこの種の述語の代表例とし，この構文を tough 構文 (*tough* construction) と言う．また，(72) の前置詞句 for us の us は，to 不定詞が表す行為の動作主 (agent) を表すが，この前置詞句は埋め込み文ではなく，主節に属するものである．なぜなら，この前置詞句は次のように，前置も外置も可能だからである．

(73) a. For the children, the problem was difficult to solve.
b. The problem was difficult to solve, for the children.
　　　　　　　　　　　　　　　　　(Nanni 1978, 21)

この構文には，(74) に示されるような数多くの統語的特徴がある．

(74) a. *The park was tough for there to be men sitting in ___.
b. *The book was hard for Bill to be sent ___ by Alice.
c. *What$_1$ was the damp cellar$_2$ hard for us to keep ___$_1$ in ___$_2$.
d. *The money was tough for us to claim that John stole ___.
e. *John was hard for us to believe [___ to be honest].
f. *The article was tough for Bill for Mary to publish ___.
g. The book was hard for Bill [PRO to publish ___].

(Nanni 1978, 79–81)

すなわち，[$_S$ NP be Adj (N) (for NP) to [$_{VP}$ V ... ___]] という tough 構文において，(i) for NP の NP の代わりに there を用いることはできない ((74a))，(ii) to 不定詞には受動態が許されない((74b))，(iii) to 不定詞は wh 島のような振る舞いをする ((74c))，(iv) to 不定詞内の空所は時制文にあってはならない ((74d))，(v) 空所は主語の位置にあってはならない ((74e))，(vi) for NP が 2 つあってはならない ((74f))，(vii) for NP がある場合，to 不定詞の主語はこの NP と解釈される ((74g))．

生成文法では，tough 構文に関して多くの分析がなされてきたが，それらはおよそ，(I) NP 移動分析，(II) 目的語削除分析，(III) WH 移動分析の 3 つに大別できる．(I) は Ross (1967), Postal (1971), Berman (1974), McCawley (1998) などによる分析である．たとえば，Postal (1971) によれば，(75c) のような tough 構文は，基底構造 (75a) の for Tony to hit Jack が外置された構造 (75b) から，目的語の Jack を主節の主語に繰り上げて派生される．

(75) a. [it [for Tony to hit Jack]] was difficult
b. it ___ was difficult [for Tony to hit Jack]
c. Jack was difficult [for Tony to hit *t*]

(Postal 1971, 27–28)

この分析の特徴は，For Tony to hit Jack was difficult. と，It was difficult for Tony to hit Jack. と，Jack was difficult for Tony to hit. が，同義であることを前提にしていることである．この分析は，tough 構文の to 不定詞内に，主節主語に意味上対応する空所が必要であることを自動的に説明する．しかし，それが (72) のように目的語であって，(74e) のように主語であってはならないことが説明できない．さらに，(i) for NP に there が生じないこと ((74a))，(ii) to 不定詞は受身にならないこと ((74b))，(iii) to 不定詞が wh 島を形成すること ((74c))，(iv) 時制節から NP は取り出せないこと ((74d))，(v) 不定詞節が主語を含む場合，この規則が適用できないこと ((74f) の非文法性と，It was tough for Bill for Mary to publish the article. の文法性を参照)は，この分析では直接捉えられないので，補足的説明が必要である．

　(II) の分析は，Lasnik and Fiengo (1974) によるものである．彼らの主張によれば，to 不定詞内の空所は，移動ではなく削除によって得られる．彼らが移動分析に反論する根拠には，次のようなものがある．まず，NP 移動分析は，次の (76c), (77c) が文法的であることを予測するが，これらはともに非文である．tabs, advantage はイディオムを形成する NP であり，単独では主題標示されない．また，NP 移動は NP を，主題標示される位置から主題標示されない位置へ移動させる．よって，受動文 (76b), (77b) における tabs, advantage の移動は，まさしくこの種の移動である．しかし，(76c), (77c) のように，tabs, advantage が tough 構文の主語には生じないことは，この位置が主題標示される位置であり，tough 構文が NP 移動によって派生されないことを示している．

(76) a.　Someone kept tabs on Mary.
　　　b.　Tabs were kept on Mary.
　　　c.　*Tabs were easy to keep on Mary.
(77) a.　Someone took advantage of Mary.
　　　b.　Advantage was taken of Mary.
　　　c.　*Advantage was easy to take of Mary.
　　　　　　　　　　　　(Lasnik and Fiengo 1974, 541)

　また，tough 構文には，(78c) のように進行相や副詞 intentionally が

生起可能である．しかし NP 移動分析では，このような文を派生するのに非文法的な基底構造 (78a, b) をたてる必要がある．

(78) a. *To please John is {being / intentionally} easy.
      b. *It is {being / intentionally} easy to please John.
      c. John is {being / intentionally} easy to please.
                                                      (*ibid.*, 543)

このような根拠に基づいて，Lasnik and Fiengo は，(72) のような tough 構文が，次の構造から to 不定詞内の目的語 John を削除することによって派生されると主張する．

(79) John is [$_{AP}$ easy [$_{PP}$ for us] [$_{VP}$ to please John ⇨ ϕ]].

この目的語削除分析の利点は，この分析が tough 構文だけでなく，pretty 構文，too ～ to 構文，enough ～ to 構文などに見られる to 不定詞内の目的語削除現象を，統一的に取り扱うことができることである．

(80) a. Mary is pretty to look at ＿．
      b. The mattress is too thin to sleep on ＿．
      c. The football is soft enough to kick ＿．

(80a) は，(81a) のように形式主語構文を許さないので，(81a) から Mary の移動によって派生されたとは考えられない．むしろ，(80a) は to 不定詞内の目的語 Mary を削除することによって派生される．また，(80b, c) は (81b, c) のように，too, enough がなければ非文になるので，(80b, c) の to 不定詞は too, enough の補部 ([$_{AP}$ [$_{Det}$ [$_{Deg}$ too / enough] [$_{S(VP)}$ to VP]] thin / soft]) であって，thin, soft の補部ではない．したがって，(80b, c) は，移動よりはむしろ目的語削除によって派生されるべきだと考えられていた．したがって，Lasnik and Fiengo の目的語削除分析を仮定すると，この 4 つの構文は統一的に説明されることになる．

(81) a. *It is pretty to look at Mary.
      b. *The mattress is thin to sleep on ＿．

c. *The football is soft to kick ___ .

さらに Lasnik and Fiengo は, to 不定詞を VP と仮定しているので, (74a), (74b), (74e), (74f) の事実を自動的に説明できる. なぜなら, to 不定詞が文ではなく VP であれば主語位置が存在しないので, (i) 一般に主語の位置に挿入される there は, この構造には挿入されない ((74a)), (ii) 受動は文に適用されるが, VP には適用されない ((74b)), (iii) 主語が空所になることもない ((74e)), (iv) 主語として NP が現れることもない ((74f)) からである. さらに, (74d) については,「指定主語条件」や「時制文条件」を用いて説明している(これらの条件については 1.2 節参照). ただし, (74c) に見られる to 不定詞の wh 島の効果は, 目的語削除規則が wh 島の制約に従うということで説明できるであろう.

(III) の WH 移動分析は, Chomsky (1977), Browning (1987), Clark (1990), Contreras (1993) などによって提案されている. たとえば, Chomsky はこの分析の根拠として, tough 構文が wh 疑問文と統語的類似性を持つことをあげている.

(82) a. John is easy (for us) to please t.
   b. John is easy (for us) to convince Bill to tell Mary that Tom should meet t.
   c. *John is easy (for us) to convince Bill of the need for him to meet t.
   d. *What$_1$ is John fun (for us) who$_2$ to give t_2 to t_1?
   (Chomsky 1977, 97)
(83) a. I wonder who John saw t.
   b. I wonder who John believed that Mary would claim that Bill would visit t.
   c. *I wonder who John believed the claim that Bill would visit t.
   d. *Who$_2$ did you wonder who$_1$ t_1 saw t_2?   (*ibid.*, 103–104)

(82), (83) からわかるように, tough 構文と wh 疑問文はともに単一の文内に空所を持ち, 多重に埋め込まれた節からの要素摘出を許すが, 複合名詞句の島や wh 島からの取り出しは許さない. また, 前節で議論したよ

うに，非項移動による痕跡は寄生空所を認可できるが，tough 構文に見られる痕跡も寄生空所を認可できる．これは，tough 構文に生じる痕跡は非項移動によるものであることを示している．

（84） a. Which papers did you file *t* without reading *e*?
　　　 b. These papers are easy to file *t* without reading *e*.

このような類似性を捉えるために，Chomsky は tough 構文を，次のように WH 移動によって派生する．

（85）　John is easy (for us) [$_{S'}$ who $\Rightarrow \phi$ [$_S$ PRO to please *t*]]

(Chomsky 1977, 103)

この分析では，tough 構文の主語は基底生成され，who が please の目的語の位置より移動し，その後の操作により削除される．なお，Chomsky (1981) では，who の代わりに音声形式を持たない空演算子 (O) が移動すると修正された．

さて，Chomsky の目的は，tough 構文が，他の話題化構文，分裂文，比較構文，enough 構文などと同様に，WH 移動の特性を共有していることを示すことであった．彼の分析は WH 移動に基づいているので，この移動と共通する特徴が自動的に説明される ((74c, d))．また，彼が提案した (85) の構造には PRO があるので，there が挿入されないことや語彙的主語が生じないことも説明される ((74a, f, g))．ただ，この分析には問題も見られる．すなわち，Chomsky の分析によれば，(86a, b) はともに WH 移動によって派生され，この規則は時制文条件に従うので，これらの文がともに非文であると予測される．しかし，(86a) の tough 構文は予測どおり非文であるが，(86b) の wh 疑問文は文法的な文である．したがって，この分析は，(86a, b) の文法的な差異を適切に説明することができない．この問題は，Lasnik and Fiengo の分析でも生じる．

（86） a. *The money was tough for us to claim that John stole *t*.
　　　 b. What was it tough for us to claim that John stole *t*?

なお，Chomsky (1981) では，tough 述語に対して再分析 (reanalysis) を仮定した．この規則は，(85) のような構造に適用され，(87) のような複合形容詞 (complex adjective) を形成する．その結果，easy-to-please が生じ，空演算子 (O) がなくなるので，痕跡 t は John の移動(すなわち項移動)によって生じたように解釈される．その結果，(88) のような受動文と同様に，tough 構文の主語は主題役割を t から受け継ぐことになる．

(87) John is [$_{AP}$ [$_A$ easy to please] t].
(88) John is loved t.

ところが，Chomsky (1982) は，(87) のような構造のほかに，(85) のような構造も必要であると主張している．その理由は，tough 構文が寄生空所を認可するからである．すなわち，(89a, b) からわかるように，寄生空所は項移動の痕跡ではなく，非項移動の痕跡によって認可される (⇒ 2.1.3)．(89c) のように寄生空所が tough 構文に生じることは，この文には非項移動による痕跡が存在することを示す．これは，(85) の構造も必要であることを意味する．なぜなら，非項移動の痕跡は (85) の構造でしか派生されないからである．

(89) a. *John was killed t by a tree falling on e.
　　　b. Which report did you file t without reading e?
　　　c. The book is hard [O to buy t [without reading e]].

最後に，この構文の意味的特徴を考えてみよう．まず第一に考えられるのは，この構文の主語が，固有あるいは恒常的な特性を持つことである．したがって，tough 構文には (90a) のように，主語の恒常的な特性を表す副詞表現は共起するが，(90b) のように，一時的な状態を表す表現は共起しない．しかし，この文に (90c) のように always を追加して，because 節が主語の恒常的な特性を示すと，容認可能になる．このような意味的な制限は，(91) のような形式主語構文には当てはまらない．

(90) a. Joe is impossible to talk to because he's as stubborn as a mule.

  b. *Joe is impossible to talk to because he's out of town.
  c. Joe is impossible to talk to because he's always out of town.
(91) a. It is impossible to talk to Joe because he's as stubborn as a mule.
  b. It is impossible to talk to Joe because he's out of town.
(van Oosten 1977, 468–470)

　また，tough 構文の主語には，Joe など指示的な表現のほかに，総称的な名詞句は生起できるが，不定名詞句は生じない．これは，総称的主語は恒常的な特性を表すが，不定名詞句の主語はそうではないことによる．

(92) a. Beavers are hard to kill.
  b. *{A man / Someone} would be easy to kill with a gun like that.　　　　(Lasnik and Fiengo 1974, 544–546)

2.1.5　否定倒置構文

　否定倒置構文とは，次のように否定を表す副詞句が文頭に生じ，主語と助動詞が倒置している文を言う．

(93) a. At no time was John present for the ceremonies.
  b. Never have I seen such a display of grandeur.
  c. Under no circumstances will the university change its ruling.
(Rochemont 1978, 60)

　この構文の意味的特徴は，前置される否定語句(明示的否定辞の not, no, never や，非明示的否定辞の seldom, rarely, hardly を含む語句)が，文全体を否定の作用域 (negative scope) に持つこと，つまり，文否定 (sentence negation) を表すことである．その統語的証拠は，(i) not を助動詞とともに用いて言い換えが可能なこと ((94b))，(ii) any のような否定極性要素 (negative polarity item: NPI) が生起可能なことである ((95b))．

(94) a. Not even there did it rain.
  b. It didn't rain even there.　　　　(Klima 1964, 300)

(95) a. At no time will there be any rain even there.
b. There won't be any rain at any time even there.

(*ibid.*, 306)

(94b) では，not が助動詞とともに用いられており，文否定の読みが生じる．否定倒置構文 (94a) が (94b) のように言い換え可能であることは，(94a) の not が文否定を表すことを示す．また，NPI の any は，(95b) のように否定の作用域内に生じなければならない．もしそうでなければ，次のように容認不可能になる．

(96) a. *There was any snow falling anywhere else.
b. *Even then any snow fell anywhere else. (*ibid.*, 276)

(95a) のような否定倒置構文では，NPI の any が生じうる．これは any が，前置された副詞句の no の作用域内にあることを示す．換言すれば，(95a) の no は文否定を表す．

これに対して，否定を含む副詞句が前置されても，主語・助動詞倒置が生じない文もある．

(97) In no time there will be rain even there. (*ibid.*, 306)

しかし，この種の文の否定は，否定倒置構文と異なり，構成素否定 (constituent negation) を表し，(98) のように書き換えることができない．

(98) *There won't be rain even there in any time.

また，(97) のような文では，前置された副詞句の後に，音調の切れ目がある ((99b))．一方，否定倒置構文では，前置された副詞句と倒置された助動詞の間に，音調の切れ目がない ((99a))．この点でも，この種の構文は否定倒置構文とは異なっている．

(99) a. With no job would John be happy.
b. With no job, John would be happy.

次に，否定倒置構文の統語的分析を見てみよう．生成文法では，否定倒

置構文についてさまざまな分析が提案されてきたが，前置される要素の移動先に注目すると，（I）COMP への代入，（II）S への付加，（III）機能範疇 Polarity の指定部への代入の，3 種類に大別できる．（I）の提案は Liberman (1975) による．彼は上記の否定倒置構文の特徴を説明するために，否定の作用域を決定する規則（100）と，S 節点の刈り込み（101）を提案している．

(100) 否定辞は，それを含む最小の文(として解釈される要素)をその作用域にとる．
(101) 主語・助動詞倒置により，S 節点が刈り込まれる．

(100) により，たとえば，(102a) の no の作用域が文主語の部分にあること，(102b) では，no の作用域が主語の名詞句(文と解釈される要素)であることが正しく説明される．

(102) a. That John has no job is obvious to many friends.
b. No candidate's election is probable.

ここで (99b) を考えると，Liberman は前置された要素は COMP へ代入されると考えているので，この文の派生構造は (103) のようになる．

(103) [$_{S'}$ [$_{COMP}$ [$_{PP}$ with no job]] [$_S$ John would be happy ___]]

(103) では，S 節点があり，PP は最小の文と解釈されるので，no の作用域は (101) により前置詞句となる．また，S 節点があるため，with no job の後に音調の切れ目がある．主語・助動詞の倒置は随意的な規則であるので，これが (103) に適用されると，(104) が派生される．これは (99a) の表層構造となる．

(104) [$_{S'}$ [$_{PP}$ with no job] would John be happy]

(104) では，(101) により S 節点が刈り込まれている．したがって，no は (100) に従い，S' を文と解釈し，それを作用域にとる．また，S 節点がないので音調に切れ目もない．Liberman の分析は記述的には妥当であるが，

その場かぎりの刈り込み規則を仮定しているところに問題がある.

(II) の分析は, Rochemont (1978) による. この分析では, 前置された要素が話題化により S に付加される. その理由は, この構文 (105) が, 話題化構文 (106) と共通した特徴を持つからである. すなわち, これらの構文では, 不定詞節のなかから文頭に要素を移動させることができるが, 時制文からの要素の移動はできない.

(105) a. Not many women will John promise Mary not to date.
b. *Not many women will John promise Mary that he won't date.
(106) a. This book, I asked Bill to persuade his students to read.
b. *This book, I asked Bill to persuade his students that they should read. (Rochemont 1978, 70–71)

したがって, この分析では, (99a) のような否定倒置文は, VP 内の with no job に話題化が適用され, さらに, 主語・助動詞倒置が適用されて派生される.

(107) a. [$_{S'}$ [$_S$ with no job] [$_S$ John would [$_{VP}$ be happy t]]]
b. [$_{S'}$ [$_S$ with no job] [$_S$ would John [$_{VP}$ be happy t]]]

(107b) に, no が文全体を作用域にとる解釈規則 (108) が適用される.

(108) [$_C$ [W$_1$ Neg W$_2$] W$_3$ AUX NP W$_4$] ⇨ Neg [$_C$ [W$_1$ ϕ W$_2$] W$_3$ AUX NP W$_4$] (W: 変項)

一方, (99b) のような文は, with no job が文付加詞前置 (Sentential Adjunct Preposing) の適用を受けて, COMP に代入される.

(109) [$_{S'}$ [$_{COMP}$ [$_{PP}$ with no job]] [$_S$ John would be happy] [$_{PP}$ t]]

この構造では, PP は文の外にある要素だから, 構成素否定の解釈を受ける.

しかし, この分析には問題がある. すなわち, この分析は, 否定倒置構文を話題化により派生するので, この構文と話題化構文は同じ統語的特徴

を持つと予測する．しかし事実はそうではなく，否定倒置構文は話題化構文と異なり，WH 移動に対して島を形成しない．

（110） a.　Which books did Lee say that only to Robin will she give?
　　　　b.　*Which books did Lee say that, to Robin, she will give?
　　　　　　　　　　　　　　　　　　　　　　　　　（Culicover 1991, 5）

この問題に答えようとしたのが，Culicover (1991) である．彼は，否定倒置構文の構造には，機能範疇 PolP (Polarity Phrase) があると主張している．

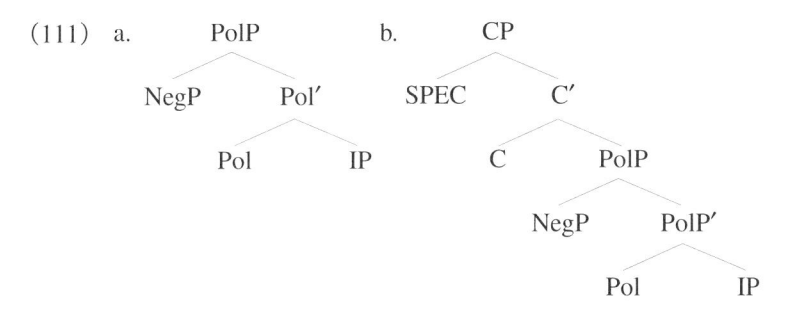

（111） a.
```
      PolP
     /    \
  NegP    Pol'
         /    \
       Pol    IP
```
b.
```
        CP
       /  \
    SPEC   C'
          /  \
         C    PolP
             /    \
          NegP    PolP'
                 /    \
               Pol    IP
```

(111a) は主節の構造であり，(111b) は埋め込み文の構造である．PolP を仮定するのは，次のような理由による．すなわち，(110b) のように，話題化構文では話題化の島が生じるが，(110a) のように，否定倒置構文にはそのような島が生じない．これは，話題化された要素と前置された否定要素の移動位置が，異なることを示している．Culicover は，話題化された要素は IP に付加されるが，否定倒置構文の否定要素は，IP に付加されないと考える．否定倒置構文は埋め込み文にも生じるので，前置された否定要素は，CP と IP の間に生じるはずである．否定要素が IP に付加されないとすれば，C, I とは異なる別の機能範疇がその間に存在しなければならない．それが Pol であると彼は言う．

　否定倒置が主節と埋め込み文で生じた場合，それぞれ (112a), (112b) のような構造を持つ．（ただし Emonds (1976) は，否定倒置が埋め込み文には生じないと主張している．）

(112) a. [$_{PolP}$ [$_{PP}$ at no time]$_1$ [$_{Pol'}$ [Pol + was$_2$] [$_{IP}$ John t_2 present for the ceremonies t_1]]]
b. Lee said [$_{CP}$ that [$_{PolP}$ [$_{PP}$ at no time]$_1$ [$_{Pol'}$ [Pol + would$_2$] [$_{IP}$ she t_2 agree to visit Robin t_1]]]]

(112) では，at no time が PolP の指定部に移動している．ここで注目すべきことは，Pol にある Neg が接辞だと仮定されていることである．この仮定により，Neg には IP の主要部 I が付加されなければならなくなる．その結果，否定倒置構文では，主語と助動詞の倒置が必ず起こることになる．

この分析では，(110) の事実が簡単に説明できる．Cinque (1990) によれば，C, I などの主要部によって選択された要素は，取り出しに対して障壁にならないが，選択されていない要素は障壁になる．したがって，(110a) の基底構造 (113a) では，only to Robin が PolP 指定部にあり，will が Pol に付加されている．また，PolP, IP はそれぞれ主要部 C, Pol によって選択されているので，wh 句の移動に対して障壁にならない．しかし，(110b) の基底構造 (113b) では，話題化された要素 to Robin が IP に付加されているので，IP は付加構造をなしている．付加構造の内側の IP は主要部 C によって選択されないと考えられているので，wh 句の移動に対して障壁とみなされる．したがって，障壁が存在しない (113a) においてのみ wh 句の移動が可能になり，(110a) が文法的な文として派生されることになる．

(113) a. ... [$_{CP}$ C [$_{PolP}$ [$_{PP}$ only to Robin]$_1$ Pol + will$_2$ [$_{IP}$ she t_2 give which books t_1]]]
b. ... [$_{CP}$ C [$_{IP}$ [$_{PP}$ to Robin]$_1$ [$_{IP}$ she will give which books t_1]]]

2.2 非項位置への移動の制約

本節では，生成文法理論の初期から GB 理論・障壁理論の直後までに提案され，それまでの理論的進展に大きな影響を与えた，移動に課される制約の代表的なものを概観し，それらが説明する言語現象と問題点を議論す

る．なお，MP の移動制約については第 5 章において詳しく議論する．

2.2.1　上位範疇優先の原理

生成文法理論では，移動現象について活発な議論が行われてきた．最初は，個々の構文の統語的特徴を捉え，それに基づく条件や制約が提案されたが，これらはさらに，さまざまな構文に適用可能な，より説明的妥当性の高い，より一般性のある原理・原則へと洗練されていった．その契機となったのは，Chomsky (1964) の変形規則の適用に課される制限である．

たとえば，(114) のような例は 2 通りに曖昧で，(115a, b) の構造に対応する解釈を持つが，(116) の wh 疑問文は曖昧ではなく，(115a) に対応する解釈しかない．

(114)　Mary saw the boy [walking towards the railroad station].
(115)　a.　NP — Verb — NP — Complement
　　　　b.　NP — Verb — NP
(116)　What did Mary see the boy walking towards *t*?

(114) が (115a) の構造を持つ時，[　] で囲まれた部分は補部として機能し，「メアリーは，その少年が駅のほうへ歩いていくのを見た」という解釈になる．一方，(114) が (115b) の構造を持つ時，[　] の部分は先行詞の the boy を修飾し，「メアリーは，駅のほうへ歩いていく少年を見た」という解釈になる．しかし，(116) では，(115a) の構造に対応する意味，すなわち，「メアリーは，その少年がどの方向へ歩いていくのを見たの？」という意味しかない．

Chomsky (1964) は，(116) が (115a) の構造に対応する意味しかないことを説明するために，おおむね「wh 句の移動規則は，基底構造に 1 回しか適用されない」という制限を提案している．これによると，(116) は (115a) の構造を持つ基底構造からのみ派生されることになる．なぜなら，その深層構造に WH 移動規則を 1 回適用するだけで，(116) が派生されるからである．これに対して，(115b) の構造を持つ深層構造では，the boy を修飾する関係節において WH 移動規則を適用し，さらに，(116) を

派生するにはこの規則をもう一度適用しなければならない．したがって，上記の提案が与えられると，(116) は (115a) に対応する深層構造からのみ派生されることになる．

　この制限は Chomsky (1968) において，上位範疇優先の原理 (A-over-A Principle) という形式に発展し，さらに Chomsky (1973) において，変形規則に課せられる一般的制約として (117) のように規定された．

(117)　上位範疇優先の原理：　ある変形規則が次のような形式を持つ構造に適用される時には，その変形規則は，A という種類の最大の句に適用されるように解釈されなければならない．
　　　　　　…[$_\alpha$ …[$_A$ …]…]…
　　　　ただし，α は循環節点 (cyclic node) である．
　　　　　　　　　　　　　　　　　(Chomsky 1973, 235)

ここで，(116) をもう一度考えてみよう．(116) は (118a, b) の2つの基底構造を持つ．(117) の原理に従えば，これらの構造のなかで，(116) が派生されるのは (118a) からということになる．なぜなら，もし (116) が (118b) から派生されるとすれば，WH 移動規則が上位の NP ではなく下位の NP に適用され，それは上位範疇優先の原理に違反するからである．

(118)　a.　Mary saw [$_{NP}$ the boy] [$_{VP}$ walking towards [$_{NP}$ what]]
　　　　b.　Mary saw [$_{NP}$ the boy walking towards [$_{NP}$ what]]

　上位範疇優先の原理は，(118b) のように関係節内から要素を取り出すことを阻止するが，次のような構造でも同様に，そのなかから要素を取り出すことを阻止する．なお，t は要素が取り出された後に残った痕跡を示す．

(119)　a.　*Where's the bikini which Tom mentioned [$_{NP}$ the fact that Sue had worn t]?
　　　　b.　*Whose did you find [$_{NP}$ t book]?
　　　　c.　*What sofa will he put the chair between [$_{NP}$ [$_{NP}$ some table] and [$_{NP}$ t]]?　　　　((a–c): Ross 1967, 11–14)

d. *What is [NP [for John to win t]] easy?

(Riemsdijk and Williams 1986, 21)

(119a) では，the fact 以下全体が NP であるにもかかわらず，そのなかに含まれる NP（which）が取り出されている．(119b) では，[NP [NP whose] book] から NP の whose が取り出されている．(119c) では，等位接続詞の構造である [NP [NP some table] and [NP what sofa]] から NP の what sofa が取り出されている．そして(119d) では，[NP [for John to win [NP what]]] という構造から what が取り出されている．これらはすべて，上位範疇優先の原理に違反する．

このように，上位範疇優先の原理は数多くの文の文法性を適切に説明できるが，この原則があまりにも強すぎる点に問題がある．たとえば，この原則は次のような例を，非文法的な文として誤って排除してしまう．

(120) a. Who would you approve of [NP my seeing t]?

(Chomsky 1964, 74)

b. the reports which the government prescribes [NP the height of [NP the lettering on [NP the covers of t]]]

(Ross 1967, 10)

(120a) では，NP の who が [NP my seeing [NP who]] から取り出されているし，(120b) でも，NP の which が [NP the height of [NP the lettering on [NP the covers of which]]] から取り出されている．この取り出しは上位範疇優先の原理に違反しているにもかかわらず，(120) の文は文法的である．

また，この原則は弱すぎる面もある．次の例を考えてみよう．

(121) a. *[AP How intelligent] do you have [NP a t sister]?
b. *[PP To whom] did Bill reject [NP the suggestion that he should talk t]?
c. *[AdvP Until when] does he have [NP an ID which is valid t]?

(Riemsdijk and Williams 1986, 23–24)

(121) では，取り出された要素の範疇と，それを含む範疇が同じではない．

すなわち，(121a) では取り出された要素の範疇が AP であるが，それを含む範疇は NP である．(121b) では，the suggestion 以下の NP から，to whom の PP が取り出されている．また (121c) では，an ID 以下の NP から until when の副詞句が取り出されている．したがって，wh 句の取り出しはいずれも上位範疇優先の原理に違反しないが，(121) の文は非文法的である．これは，上位範疇優先の原理が弱すぎて，非文法的な文を排除できないことを示している．

2.2.2 島 の 制 約

Ross (1967, 1986) は，Chomsky の上位範疇優先の原理について多くの問題点を指摘し，代替案として，個々の構造に焦点を置いた制約群を提案した．その制約群は島の制約 (Island Constraints) と呼ばれ，複合名詞句制約，左枝分かれ条件，等位構造制約，文主語制約などが含まれる．

まず，複合名詞句制約 (Complex NP Constraint) は，関係節や同格節から要素を取り出すことができないことを説明する．

(122) 複合名詞句制約： 語彙的主要名詞を持つ名詞句によって支配された文のなかのいかなる要素も，変形によってその名詞句の外に取り出すことはできない．

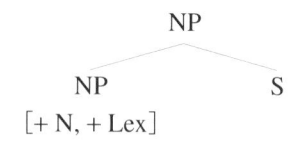

```
         NP
        /  \
      NP    S
   [+ N, + Lex]
```

(Ross 1967, 70)

語彙的主要名詞 ([+ N, + Lex] を持つ要素) とは，it のような非語彙的な要素ではなく，man, fact などの普通の名詞である．したがって，(122) の構造を持つ名詞句は，関係節や同格節などを伴う名詞句となる．この制約は，(116) の事実や (119 a)，(121b, c) の非文法性だけでなく，次の文の非文法性も説明できる．

(123)　a. *They all argued that Bill would leave the country, and [vp

leave the country] I resent [NP the conclusion [S that he did t]].
  b. *[AP Intelligent] though you have [NP an au pair [S who is t]], I still would have preferred a girl.
                                    (Riemsdijk and Williams 1986, 25–26)

(123a, b) は，複合名詞句内の要素を，VP 前置，though 移動の適用によって取り出した文であり，それは複合名詞句制約に違反する．

また，Ross は (119b) (= (124)) のような例を説明するために，左枝分かれ条件 (Left Branch Condition) を提案している．

(124) *Whose did you find [NP t book]?
(125) 左枝分かれ条件：　より大きな名詞句の左端の構成素であるいかなる名詞句も，変形によってその大きな名詞句の外に取り出すことはできない．　　　　　　　　　(Ross 1967, 114)

(124) では，whose が，より大きな名詞句 [NP whose [NP book]] の左端から取り出されている．したがって，この取り出しは左枝分かれ条件に違反するので，(124) の派生が阻止される．言うまでもなく，whose book 全体が取り出される場合には，この条件に抵触しないので，(126) のような文は文法的な文として派生される．

(126)　Whose book did you find t?

さらに Ross は，(119c) (= (127)) の非文法性を説明するために，等位構造制約 (Coordinate Structure Constraint: CSC) を提案している．

(127) *What sofa will he put the chair between [NP [NP some table] and [NP t]]?
(128) 等位構造制約：　等位構造においては，いかなる等位項も移動してはならないし，また，等位項に含まれるいかなる要素も，その等位項の外に移動してはならない．　　(Ross 1967, 89)

(128) の等位構造とは，and, or の等位接続詞で結びつけられた構造を言う．(128) は等位項だけでなく，それに含まれる要素の取り出しにも適用

されるので，(127)だけでなく次のような例の派生も阻止する．

(129) *Who is Bill [AP proud of [NP his father]] and [AP tired of [NP t]]?
(Riemsdijk and Williams 1986, 27)

この点において，等位構造制約は，Chomsky の上位範疇優先の原理より説明力が高いと言える．なぜなら，(129)では，andで結びつけられている範疇(AP)と，そのなかから取り出される範疇(NP)が異なるので，上位範疇優先の原理は(129)の非文法性を説明できないからである．

さらに，Ross は(119d)(=(130))のような例を説明するために，文主語制約(Sentential Subject Constraint)を提案している．

(130) *What is [NP [for John to win t]] easy?
(131)　文主語制約：　文の主語である名詞句が S を直接支配しているならば，その S に支配されるいかなる要素も，その S から取り出してはならない．　　　　　　(Ross 1967, 134)

(130)では，for John to win what が主語の名詞句によって直接的に支配されているので，what の取り出しは文主語制約に違反する．また，この制約は次のような文の非文法性も同様に説明する．

(132) a. *They said that John would win the race, and win the race [NP [S that he did t]] was evident to everyone.
　　　 b. *Intelligent though [NP [S for an au pair to be t]] is unlikely, one shouldn't be prejudiced.
(Riemsdijk and Williams 1986, 26)

(132a, b)では，それぞれ win the race, intelligent が主語の位置にある S のなかから取り出されており，いずれも文主語制約に違反する．(このほか，NP からの外置，重名詞句移動などのように，要素を右方へ移動する右方移動規則に適用される上方制限(upward boundedness)があるが，これについては本シリーズの第 11 巻『右方移動と焦点化』を参照．)

このように，Ross は Chomsky の上位範疇優先の原理があまりにも強すぎると批判し，個々の現象を説明するために上記の制約群を提案した．

しかし，これらの制約群は記述的には妥当なものであるが，説明的には不充分なもので，原理に基づいた説明になっていないことは否めない．そこで，次にもっと一般的な条件によってこれらの現象を説明する可能性を見てみよう．

2.2.3　循環節点に基づく下接の条件

Ross (1967, 1986) の制約群は，さまざまな現象を適切に記述することに成功したが，説明的な妥当性に欠けていたことに問題があった．Chomsky (1973, 1977) はこの問題を解決するために，これらの制約群を統合し，説明的な妥当性に向けてより一般的な原理を提案しようとした．それが下接の条件 (Subjacency Condition) である．

Chomsky (1977) によれば，下接の条件は次のように定義されている．

(133) 　下接の条件： 次の構造で，いかなる規則も Y の位置から X の位置へ句を移動させることはできない．
　　　　　...X...[$_\alpha$...[$_\beta$...Y...]...]...X...
　　　　ただし α と β は循環節点である．　　(Chomsky 1977, 73)

(133) の循環節点としては，S′ と NP が仮定されている．

Chomsky は，WH 移動規則が，下接の条件に違反することなく wh 句を移動させるために，wh 句は COMP のなかを連続循環的に移動すると仮定している．それによると，(134a) のような文は (134b) の基底構造から，次のように派生される．すなわち，(134b) の which car が S'_3 のサイクルで fix の目的語の位置から $COMP_3$ へ繰り上がり，さらに S'_2 のサイクルで $COMP_3$ から $COMP_2$ へ繰り上がり，そして最後に S'_1 のサイクルで $COMP_2$ から文頭の $COMP_1$ へと繰り上がる．

(134) 　a.　Which car did you think that John said that Bill should fix t?
　　　　b.　[$_{S'1}$ $COMP_1$ you thought [$_{S'2}$ $COMP_2$ John said [$_{S'3}$ $COMP_3$ Bill should fix which car]]]

さてここで，Ross の制約群，とくに複合名詞句制約と文主語制約が，いかに下接の条件という1つの条件に統合されるかを見てみたい．次の例を考えてみよう．

(135) a. *What did Bill reject the evidence that John did t?
b. *What is for John to win t easy?

前節で見たように，(135a, b) はそれぞれ複合名詞句制約と文主語制約に違反している．これらの文は，基底構造として(136a, b) を持つ．□で囲まれた範疇は，循環節点である．

(136) a. $[_{S'}$ COMP$_1$ $[_S$ Bill reject $[_{\boxed{NP}}$ the evidence $[_{\boxed{S'}}$ COMP$_2$ $[_S$ John did what]]]]]
b. $[_{S'}$ COMP$_1$ $[_S$ $[_{\boxed{NP}}$ $[_{\boxed{S'}}$ COMP$_2$ for $[_S$ John to win what]]] is easy]]

(136a, b) では，wh 句が COMP$_2$ から COMP$_1$ へ移動する時，循環節点 S′ と NP を横切る．この移動は下接の条件に違反し，(135a, b) は派生されない．その結果，複合名詞句制約と文主語制約は，下接の条件という1つの条件に統合される．

ここで，次のような例を考えてみよう．

(137) a. *Who $[_S$ did $[_{NP}$ a picture of t] surprise Bill]?
b. *Who $[_S$ did you see $[_{NP}$ Mary's picture of t]]?
c. *Which car$_1$ $[_S$ did you ask John $[_{S'}$ where$_2$ $[_S$ Bill fixed t_1 t_2]]]?

(137a) は，主語のなかにある wh 句を取り出した例で，Chomsky (1973) の主語条件 (Subject Condition) に違反している．(137b) は，指定主語を持つ名詞句のなかから wh 句を取り出した例で，Chomsky (1973) の指定主語条件 (Specified Subject Condition) に違反している．(137c) は，間接疑問文から wh 句を取り出した例で，wh 島の制約 (Wh-island Constraint) に違反している．Chomsky (1977) が主張するように，もし S が循環節点に加えられるならば，これらの条件も下接の条件に統合される．

なぜなら，(137) の who, which car を文頭の COMP の位置に移動させるならば，基底構造 (138) に示すように，これらの wh 句は 2 つないし 3 つの循環節点を横切るからである．なお，(138c) では，COMP は 2 つの要素を同時に含むことができない (*I wonder [[what$_2$ who$_1$] [t_1 bought t_2]]) ので，which car は where を飛び越えて一度に文頭の COMP に移動しなければならない．

(138) a. [$_{S'}$ COMP [$_S$ [$_{NP}$ a picture of who]] surprised Bill]
　　　 b. [$_{S'}$ COMP [$_S$ did you see [$_{NP}$ Mary's picture of who]]]
　　　 c. [$_{S'}$ COMP [$_S$ did you ask John [$_{S'}$ where$_2$ [$_S$ Bill fixed which car$_1$ t_2]]]]

しかし，この説明は (139) には適用できない．なぜなら，これらの文は (137b) と異なり，文法的であるからである．

(139) a. Who did you see a picture of t?
　　　 b. What books did you write reviews of t?

Chomsky (1977) はこの問題を解決するために，再調整規則 (readjustment rule) を提案している．この規則は (140) のように，名詞句のなかにある前置詞句を外置するものである．

(140) 　[$_{VP}$ V [$_{NP}$ NP PP]] ⇨ [$_{VP}$ V [$_{NP}$ NP t] PP]

この規則が (139) の基底構造に適用されると，次のような構造が派生される．

(141) a. [$_{S'}$ COMP [$_S$ you [$_{VP}$ saw [$_{NP}$ a picture t] [$_{PP}$ of who]]]]
　　　 b. [$_{S'}$ COMP [$_S$ you [$_{VP}$ wrote [$_{NP}$ reviews t] [$_{PP}$ of what]]]]

(141) では PP の位置が NP の外にあるので，この構造に WH 移動規則が適用されても，その移動は下接の条件に違反しない．なぜなら，wh 句は 1 つの循環節点 S しか横切らないからである．

さらに，下接の条件は，(142a) のような名詞句制約 (NP Constraint: Bach and Horn (1976) の提案) の違反例も説明できる．なぜなら，この

文の基底構造 (142b) において，who は文頭に移動する時，2 つの NP と 1 つの S を横切らなければならないが，それは下接の条件に違反するからである．

(142) a. *Who did they wrote articles about pictures of t?
b. [$_{S'}$ COMP [$_S$ they wrote [$_{NP}$ articles about [$_{NP}$ pictures of who]]]] (Bach and Horn 1976, 279)

さて，本節で述べたことをまとめてみよう．下接の条件によって説明される例は，次のような構造を持つことになる．

(143) a. 複合名詞句制約と文主語制約
... wh ... [$_S$ ... [$_{NP}$ ... [$_{S'}$ ... t ...] ...] ...]
b. 主語条件と指定主語条件
... wh ... [$_S$ ... [$_{NP}$ ... t ...] ...]
c. wh 島の制約
... wh$_i$ ... [$_S$ ... [$_{S'}$ wh [$_S$ ... t_i ...] ...] ...]
d. 名詞句制約
... wh ... [$_S$ ... [$_{NP}$ ... [$_{NP}$ ... t ...] ...] ...]

このように，下接の条件は，さまざまな条件や制約を 1 つの条件に統合したものであるが，この条件にはいくつかの概念的な問題と経験的な問題がある．

概念的な問題は，なぜ S', S, NP だけが移動を阻止する循環節点となるのか，不明であることである (cf. Kayne 1981; Huang 1982; etc.)．

また経験的な問題は，下接の条件が主語と目的語の非対称性，さらには，補部と修飾要素の前置詞句，副詞節の非対称性を説明できないことである．

(144) a. Who [$_S$ do you believe [$_{S'}$ t that [$_S$ John met t]]]?
b. *Who [$_S$ do you believe [$_{S'}$ t that [$_S$ t met John]]]?
(145) a. Which table [$_S$ did you put the book [$_{PP}$ on t]]?
b. *Which class [$_S$ did he fall asleep [$_{PP}$ during t]]?
(146) a. Who [$_S$ do you believe [$_{S'}$ t [$_S$ Peter likes t]]]?

b. *What [_S was Mary bothered [_S′ t because [_S John had fixed t]]]?

(144a, b) では，それぞれ，埋め込み文の主語と目的語が who として取り出されている．wh 句の横切る循環節点の数は同じであるにもかかわらず，(144a) と (144b) では文法性が異なる．また，(145a) の PP は動詞の補部であるが，(145b) の PP は動詞を修飾する前置詞句である．(145a, b) では，wh 句の横切り循環節点の数は 1 つであるにもかかわらず，(145a) のみが文法的である．また，(146a) の S′ は動詞の補部であるが，(146b) の S′ は副詞節である．Chomsky (1977) によると，wh 句は S′ 内の補文標識の前に移動する．(146b) の because が補文標識であれば，wh 句の横切る循環節点の数は (146a, b) ともに同じである．しかし，文法的な文は (146a) である．

このような問題を解決しようとしたのが，Chomsky (1981) の空範疇原理と，Huang (1982) の取り出し領域条件である．そこで，次節において，まず空範疇原理を概観した後，取り出し領域条件がなぜ提案されたかについて考察する．

2.2.4 空範疇原理と取り出し領域条件

下接の条件は，Ross の制約群のいくつかを統合することに成功したが，問題点もあった．前節で指摘したように，下接の条件は次のような，主語と目的語の非対称性の例を説明することができない．なぜなら，この条件は，主語，目的語の位置の相違に関係なく適用されるからである．

(147) a. * Who [_S do you think [_S′ t that [_S t saw John]]]?
　　　 b. 　Who [_S do you think [_S′ t that [_S John saw t]]]?
(148) a. * Who [_S do you wonder [_S′ how [_S t bought the book]]]?
　　　 b. ?? What [_S did you wonder [_S′ how [_S he bought t]]]?
(Huang 1982, 470)

したがって，(147), (148) の文法性の違いを説明するには，主語と目的語の位置を区別する原理が必要である．そのために，Chomsky (1981) は次

のような空範疇原理（Empty Category Principle）を提案している．

(149)　空範疇原理：　空範疇は適正に統率されなければならない．

Aoun and Sportiche (1983) に従うと，適正統率は (150a) のように，統率は (150b) のように，定義される．

(150)　a.　適正統率：　α は β を統率し，かつ，i) α は語彙範疇 X^0 であるか，または，ii) α と β に同一指標が付与されている場合にのみ，α は β を適正統率する．
　　　　b.　統率：　α を支配しているすべての最大投射（maximal projection）が β を支配し，かつ，β を支配しているすべての最大投射が α を支配している場合にのみ，α は β を統率する．

(150a) によれば，適正統率子は X^0 の語彙範疇 (N, V, A, P) か，あるいは同一指標を持つ先行詞である．ただし，P については意見が分かれ，Chomsky (1981), Kayne (1981) はこれを適正統率子とは認めていないが，Huang (1982) はこれを適正統率子として認めている．また，屈折要素 I（基本的には動詞の時制 (Tense)，一致 (Agreement) などを表す屈折 (Inflection) をさし，S の主要部と考えられている）は語彙範疇ではないので，適正統率子にはならない．

　ここで，空範疇原理が (147) の文法性の違いをどのように説明するか見てみよう．まず，(147b) の痕跡は，X^0 の語彙範疇である動詞 saw によって適正に統率されるので，空範疇原理を満たし，(147b) は適格な文となる．これに対して，(147a) の主語の痕跡は，屈折要素 I によって適正に統率されない．なぜなら，I は適正統率子ではないからである．また，この痕跡は，同一指標を持つ中間痕跡によっても適正に統率されない．なぜなら，主語の痕跡を支配している S が，外にある COMP のなかの中間痕跡を支配していないので，中間痕跡は主語の痕跡を統率しないからである．一方，(148) では，埋め込み文の COMP の位置が how によって占められているので，who, what はそれを越えて一度に文頭に移動しなければならない．それは下接の条件に違反する．したがって，この条件は

(148a, b) が同じ文法性を示すと予測する．しかし，(148b) のほうが (148a) より文法性が高い．この事実は，空範疇原理によって説明される．すなわち，(148b) の what の痕跡は動詞 bought によって適正に統率され，空範疇原理を満たす．しかし，(148a) の who の痕跡は，語彙的にも先行詞によっても適正に統率されず，空範疇原理に違反する．したがって，(148a) のみが非文法的になる．

この空範疇原理は，論理形式部門 (LF) で適用されると仮定されている．その理由は，優位条件 (Superiority Condition) に関わる例が，この原理を LF で適用することによって説明可能になるからである．

(151) a. *Who remembers why who bought the book?
b. Who remembers why we bought what?

(151a, b) の LF 表示は (152a, b) であるが，(152b) のみが空範疇原理を満たす．なぜなら，(152b) の what の痕跡は動詞 bought によって適正に統率されるが，(152a) の埋め込み文の主語の痕跡は，屈折要素 I によっても，また，先行詞 who_2 によっても適正に統率されないからである．

(152) a. *[$_{S'}$ who_2 who_3 [$_S$ t_3 remembers [$_{S'}$ why_1 [$_S$ t_2 bought the book t_1]]]]
b. [$_{S'}$ $what_2$ who_3 [$_S$ t_3 remembers [$_{S'}$ why_1 [$_S$ we bought t_2 t_1]]]]

このように，空範疇原理は下接の条件によって捉えられない事実を説明できる．しかし，これらの原理や条件によっても説明されない例がある．たとえば，前節で示した次のような例である．

(153) *[$_{S'}$ Which class [$_S$ did you fall asleep [$_{PP}$ during t]]]?

(153) では，which class の移動は循環節点の S を 1 つしか横切っていないので，下接の条件に違反しない．また，which class の痕跡 t は前置詞 during によって適正に統率されているので，空範疇原理を満たす．しかし，(153) は非文である．したがって，この非文法性を説明するためには，下接の条件や空範疇原理以外の条件が必要である．

Huang (1982) は，この事実を説明するために，次のような取り出し領

域条件 (Condition on Extraction Domain) を提案した．

(154) 取り出し領域条件： 領域 B が適正に統率されている時のみ，句 A を領域 B の外に取り出すことができる．

(Huang 1982, 505)

(154) の趣旨は，概略，「X^0 の語彙範疇 (N, V, A, P) の補部領域からのみ，要素を取り出せる」ということである．(153) では，PP が動詞によって適正に統率されていない(動詞の補部ではない)．したがって，PP のなかから which class を取り出すのは，(154) に違反する．

ここで注意すべきことは，取り出し領域条件が移動に関する条件であって，LF の条件ではないことである．その理由は，もしこの条件が LF で適用されたなら，次のような文が非文法的な文として誤って排除されるからである．

(155) a. Who fell asleep during which class?
b. John fell asleep in every class.

(155) では，LF で which class, every class が解釈のため文頭に繰り上げられ，痕跡が生じる．もし (154) が LF で適用されるならば，(153) と同様に，その痕跡は適正に統率されず，(155) は適切な LF 表示を持たないことになる．

次に，この取り出し領域条件がどのような例を説明するか見てみよう．典型的な例は次のとおりである．

(156) a. *What did John arrive yesterday, [sad about t]?
b. *Who did John come back [before I had a chance to talk to t]?
c. *Which table do you like the book [on t]?
(cf. Which table did you put the book on t?)

(Huang 1982, 487)

(156a) の [　] の部分は，文に対する付加要素であり，(156b) と (156c) の [　] の部分は，それぞれ述部と名詞に対する付加要素である．これら

の付加要素は，動詞によって適正に統率されていない．したがって，そのなかから要素を取り出すことは取り出し領域条件に違反する．

　取り出し領域条件の利点は，その定義のなかに「適正統率」を用いることにより，主語と目的語の非対称性，ひいては，非補部(主語と付加詞)と補部の非対称性を説明できることである．

(157)　a.　*John, [that you like t] was a surprise.
　　　　b.　John, I think [that you like t].
(158)　a.　*Who did Mary cry [after John hit t]?
　　　　b.　Who did John say [that Mary liked t]?

(147),(148)で見たように，取り出しに関して，主語と目的語の非対称性がある．空範疇原理によると，主語が取り出された場合，その痕跡は適正に統率されないが，目的語が取り出される場合，その痕跡は適正に統率される．同じことが，取り出しの領域にも言える．つまり，(157a),(158a)のように，適正に統率されていない領域からは取り出しができないが，(157b),(158b)のように，適正に統率された領域からは要素の取り出しは可能である．したがって，Huang の取り出し領域条件は，このような平行性を，その定義の「適正統率」という概念によって捉えることができる．

　取り出し領域条件によって説明できる事例は，付加詞条件に違反した例((153),(156),(158a)など)，(文)主語条件に違反した例(157a)，複合名詞句制約(関係節の場合)に違反した例などである．

　さて，取り出し領域条件には問題がある．まず第一に，主語の位置や関係節は適正に統率されていないので，そのなかの要素を取り出すことは取り出し領域条件に違反するが，同時に，下接の条件にも違反する．したがって，この種の例には適用される条件に重複が見られる．

(159)　a.　*Who [$_S$ did [$_{NP}$ pictures of t] please you]?
　　　　b.　*Who [$_S$ did you read [$_{NP}$ the book [$_{S'}$ that criticized t]]]?

　第二に，(154)は，語彙範疇によって統率された領域からのみ要素の取り出しが可能であると規定しているので，次の例の S_2 のように非語彙範疇 C によって統率されている領域(補部)から，そのなかの要素を取り出

すことはできなくなる．しかし，実際にはこのような文は文法的である．

(160) What [$_{S1}$ do you [$_{VP}$ think [$_{S'}$ [$_C$ that] [$_{S2}$ John [$_{VP}$ read t]]]]]?

第三に，仮に，非語彙範疇 C の統率領域からそのなかの要素を取り出すことができるとしても，この条件は wh 島の効果を説明することはできない．なぜなら，(161) のように，埋め込み文の wh 節のなかから wh 句を取り出すことはできないが，Huang の分析によれば，埋め込み文の wh 節は動詞 wonder によって適正に統率されているので，そのなかの wh 句は取り出し領域条件に違反せずにその領域から取り出せることになる．

(161) *What$_1$ do you wonder [$_{S'}$ where$_2$ he bought t_1 t_2]?

取り出し領域条件は，取り出される要素が語彙的に適正統率された領域にあるかどうかに注目して提案されたものである．この洞察をさらに発展させ，精緻化したのが，Chomsky (1986) の障壁理論である．彼は，要素の取り出しを阻止するのはいかなる場合であるかを，「障壁」という概念で規定し，それによって取り出し領域条件と下接の条件を一本化した．次節で，この理論を詳しく見ることにする．

2.2.5 障壁に基づく下接の条件

2.2.3 節では，循環節点による下節の条件を考察した．その定義によると，要素は 2 つ以上の循環節点 (S' S, NP) を横切って移動できない．しかし，なぜこれらが循環節点でなければならないか，また，取り出しに関して主語・目的語の非対称性がなぜあるのかについては，明らかではなかった．このような疑問に答えたのが，Chomsky (1986) の障壁理論である．この理論のもとでは，下接の条件は，「ある要素が移動する場合，2 つ以上の障壁を横切って移動することはできない」と捉えなおされる．

障壁 (barrier) は，(162) の阻止範疇 (blocking category) という概念に基づき，(163) のように定義されている．

(162) 阻止範疇： γ が語彙標示 (L-mark) されず β を支配していれば，γ は β に対する阻止範疇になる． (Chomsky 1986, 14)

(163) 障壁：次の (a) あるいは (b) が満たされていれば，γ は β に対する障壁となる．
    (a) β に対する阻止範疇 δ があり，γ が δ を直接支配している．
    (b) γ は IP ではなく，β に対する阻止範疇である．
(ibid.)

これらを具体的に見るために，文の構造を考えよう．X バー理論によれば，従来の文の構造は次のようになる．

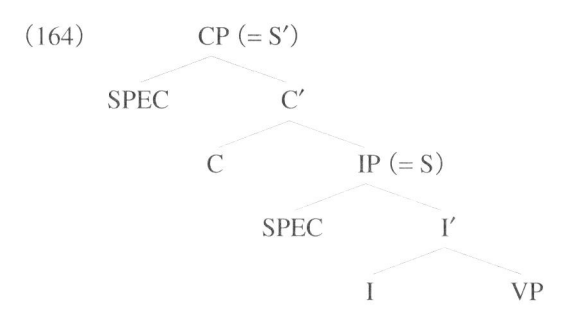

(164)
```
              CP (= S′)
             /        \
          SPEC         C′
                      /  \
                     C    IP (= S)
                        /        \
                     SPEC         I′
                                 /  \
                                I    VP
```

X バー理論に従うと，動詞の目的語の位置は補部にあたり，主語の位置は IP の指定部 (Specifier: SPEC) にあたる．それ以外，たとえば，副詞句や副詞節などは付加詞 (Adjunct) と言う．(162) の「語彙標示される」とは，語彙範疇の補部の位置にあることを意味する．(162) によれば，このような補部の位置にある要素は，阻止範疇にならない．これに対して，付加詞は語彙標示されない要素である．また，C や I のような機能範疇は語彙範疇ではないので，その補部と指定部，とくに，C の補部 (IP)，I の補部 (VP)，IP の指定部 (主語) は語彙標示されない．したがって，このような位置にある要素は阻止範疇になる．

(163) には，2 つの障壁が定義されている．まず，(163a) では，ある要素が阻止範疇を直接支配している場合に障壁になると規定しているので，この障壁は継承障壁と呼ばれる．また (163b) では，阻止範疇そのものが障壁になると主張しているので，この障壁は固有障壁と呼ばれる．(163b) で注意すべき点は，IP が阻止範疇になっても，固有障壁にはなら

ないことである．このような障壁理論では，障壁は範疇の種類に関係なくすべて最大範疇と規定されているので，下接の条件で生じた「なぜ S′, S, NP が循環節点でなければならないか」という問題は生じない．(ただし，後述するように統率に関して最小障壁を認めるので，新たな問題が生じる．) また，補部のみが語彙標示されるので，「取り出しに関して主語・目的語の非対称性がなぜ存在するのか」という問題にも答えることができる．

ここで，(163) の障壁がより適切に機能するための補助仮説を見てみよう．

(165)　a.　Who did [$_{IP}$ John [$_{VP}$ see t]]?
　　　　b.　How did [$_{IP}$ John [$_{VP}$ fix the car t]]?

(165) では，who, how が t の位置から文頭の CP 指定部に移動している．その時，wh 句は最大投射の VP と IP を横切らなければならない．しかし，IP は(固有)障壁にならないが，VP が障壁になる．なぜなら，VP は語彙標示されないので阻止範疇になり，さらに，この阻止範疇は固有障壁になるからである．(165) は適切な文であるので，その構造には障壁が存在してはならない．そこで，VP を実質上障壁でないようにするために，Chomsky (1986) は，VP 付加操作 (VP Adjunction) と排除 (exclusion) という概念を仮定している．VP 付加が (165) に適用されると，(166) が派生される．なお，この付加操作の適用は，主題役割を持てない非項に限ると仮定されている．

(166)　a.　[$_{CP}$ who did [$_{IP}$ John [$_{VP1}$ t' [$_{VP2}$ see t]]]]
　　　　b.　[$_{CP}$ how did [$_{IP}$ John [$_{VP1}$ t' [$_{VP2}$ fix the car t]]]]

また，排除は，付加構造 [… δ … [$_\gamma$ α [$_\gamma$ … β …]]] において，δ のように γ のどの分節 (segment) にも支配されていないものを，γ に「排除される」と言う．逆に，α のように γ の分節の1つにより支配されているものは，γ によって排除されない．したがって，(166) では VP の分節の1つの VP$_1$ が t' を支配するので，VP は t' を排除しないことになる．

この排除の概念と障壁は，次のように「下接」に組み込まれている．

(167) β が α に n 下接するのは，α を排除する β に対する障壁が n＋1 個未満存在する場合のみである．

そして，適格な連鎖の連結 (α_i, α_{i+1}) は，α_{i+1} が α_i に 1 下接でなければならないと Chomsky は主張している．したがって，wh 句が横切る障壁の数が 0 か 1 かの場合には，その文は容認可能となるが，障壁の数が 2 つ以上になると非文法的になる．ただし，横切る障壁の数が 1 つの場合は，下接の条件の弱い違反になり，その文の容認可能性が少し下がる．これが，障壁理論の下接の条件である．

さて，障壁の基本的な概念やそれに関わる規則を概観したので，次に障壁による下接の条件の適用例を見ることにしよう．障壁理論では，2.2.4 節で見た取り出し領域条件(主語条件と付加詞条件をまとめたもの)によって捉えられていた事実が簡単に説明可能である，と Chomsky は主張している．なお，□ で囲まれている範疇は障壁を示す．

(168)　a.　*the man who [IP [NP pictures of t] are on the table]
　　　　b.　*Who did [IP they leave [Adjunct before speaking to t]]?
(Chomsky 1986, 31)

(168a)では，関係節を形成する wh 句の移動が，主語の NP と埋め込み文の IP を横切っている．主語の NP は語彙標示されないので，阻止範疇になり，同時に，固有障壁になる．さらに，IP も語彙標示されないので阻止範疇になるが，(163b)により固有障壁にはならない．しかし，この IP は主語の NP を直接支配しているので，この NP から障壁性を継承して継承障壁になる．ここで注意すべきことは，① NP が項であるので，付加操作が適用できないこと，また，② IP は項ではないけれども，付加操作が適用できないと仮定されていることである．したがって，(168a)では wh 句が NP と IP の 2 つの障壁を横切るので，その移動は下接の条件に違反する．

また，Chomsky (1986) は，(168b)の付加詞が IP に直接支配されていると仮定している．したがって，この文の who は，この付加詞と IP の 2 つの障壁を横切って移動することになる．なぜなら，付加詞は語彙標示

されないので，阻止範疇でかつ固有障壁になり，さらに IP も阻止範疇の付加詞から障壁性を継承して，継承障壁になるからである．したがって，付加詞条件に違反した (168b) のような例も，下接の条件によって説明することができる．

次に，複合名詞句制約と wh 島の制約に違反した例を考えてみよう．

(169) *Which book did John meet [$_{\text{NP}}$ a child [$_{\text{CP}}$ who read t]]?
(170) a. ?* What$_1$ did you wonder [$_{\text{CP}}$ to whom$_2$ [$_{\text{IP}}$ John [$_{\text{VP}}$ gave t_1 t_2]]]?
b. ?? What$_1$ did you wonder [$_{\text{CP}}$ to whom$_2$ [$_{\text{IP}}$ to [$_{\text{VP}}$ give t_1 t_2]]]?

(Chomsky 1986, 34)

(169) では，wh 句が関係節内の VP に付加し，関係節 CP とそれを支配する NP を横切り，主節の VP に付加し，文頭の CP 指定部に移動する．ここで問題となるのは，CP と NP である．CP は語彙標示されていないので，阻止範疇ならびに固有障壁になる．さらに，NP は，動詞より語彙標示されるので，それ自体阻止範疇にも障壁にもならないが，阻止範疇の CP を直接支配しているので，それから障壁性を受け継いで，継承障壁となる．したがって，(169) の wh 句は，CP と NP の 2 つの障壁を横切ることになり，その移動は下接の条件に違反する．

また，(170) では，wh 句が埋め込み文の VP に付加し，IP, CP を横切り，さらに主節の VP に付加し，文頭の CP 指定部に移動する．ここでも問題となるのは，IP と CP である．すでに述べたように，IP は語彙標示されないので，それ自体阻止範疇になるが，障壁にはならない．一方，CP は wonder より語彙標示されているので，阻止範疇にも障壁にもならないが，阻止範疇の IP より障壁性を継承して，継承障壁となる．この wh 句は，埋め込み文の VP から主節の VP に付加される時，CP 指定部にはすでに他の wh 句が移動しているので，そのなかに移動することができず，その CP を横切らなければならない．したがって，この CP は障壁であるので，wh 句が横切る障壁はこれ 1 つのみということになる．その結果，この移動は下接の条件の弱い違反になる．これは，(170b) の文

法性と一致する．しかし，この説明は (170a) の文法性を正しく予測していない．Chomsky はこれを説明するために，「最も深く埋め込まれた定形節は，固有障壁である」と仮定している．

　障壁による下接の条件の利点は，文法性の程度をより緻密に説明できることである．つまり，ある要素が障壁を1つも横切らなければその文が完全に文法的で，1つの障壁を横切れば下接の条件の弱い違反になり，文法性が少し落ちるが，2つ以上の障壁を横切れば非文法的になる．これは，循環節点による下接の条件ではできなかったことである．

　しかし，この障壁理論には，概念的な問題と経験的な問題がある．まず，概念的な問題は IP に関してである．Chomsky は，IP が語彙標示されないので，阻止範疇になるけれども，固有障壁にはならないと主張する．しかし，IP だけをなぜ特別扱いしなければならないのか，不明である．もう1つの概念的な問題は，障壁に固有障壁と継承障壁を仮定していることである．これらは記述的には必要な障壁であろうが，その説明的妥当性はどのように与えられるだろうか．

　次に，経験的な問題を考えてみよう．それは付加詞の位置に関係する．Chomsky は，(168b) の付加詞が IP に直接支配されていると仮定している．したがって，この文の wh 句は付加詞と IP の2つの障壁を横切り，下接の条件に違反する．しかし，Cinque (1990) も指摘しているように，この種の付加詞は VP 内にあるという証拠がある．

(171)　a.　... and leave before speaking to John, they certainly did.
　　　b.　They left before speaking to John, and I did so too.
　　　　　　　　　　　　　　　　　　　　　　　(Cinque 1990, 27)

もしこれが正しいなら，Chomsky の説明が成り立たない．なぜなら，付加詞が VP 内にあれば，(168b) の文では1つの障壁 (= 付加詞) しか存在しないことになるからである．さらに問題なのは，(168b) の付加詞が VP 内にあろうとなかろうと，付加詞は非項であるので，これに付加操作が適用されたなら，(168b) には障壁がないことになり，この文が文法的であると予測されることである．

2.2.6 γ標示による空範疇原理

Huang (1982) 以来，主語・付加詞(これをまとめて非補部と言う)の取り出しは，補部の取り出しより制限が厳しいことが指摘され，これは補部・非補部の非対称性と呼ばれる．たとえば，次のような文では，2.2.5節で見たように，間接疑問文である CP が障壁になる．

(172) a. ?? Which problem$_1$ do you wonder [$_{CP}$ how$_2$ [$_{IP}$ John solved t_1 t_2]]?
b. * Who$_1$ do you wonder [$_{CP}$ which problem$_2$ [$_{IP}$ t_1 solved t_2]]?
c. * How$_2$ do you wonder [$_{CP}$ which problem$_1$ [$_{IP}$ John solved t_1 t_2]]?

したがって，(172a) のように，補部 which problem の取り出しは弱い下接の条件違反になる．同様に，(172b, c) の who, how などの非補部の取り出しも，弱い下接の条件違反になるはずである．しかし，後者は前者より文法性の度合いが低い．これは，(172) に見られる補部と非補部の非対称性を説明するためには，下接の条件以外に別の条件が必要であることを示している．

2.2.4 節で述べたように，この非対称性は空範疇原理によって説明されたが，この原理は，Chomsky (1986) において障壁と γ 標示 (γ-marking) に基づいて修正された．ここでは，この修正された空範疇原理を概観する．

まず，Chomsky (1986) は，空範疇原理を適正統率という概念により，また，適正統率を θ 統率と先行詞統率によって定義している．

(173) 空範疇原理：空範疇は適正に統率されなければならない．
(Chomsky 1986, 17)
(174) 適正統率：α が β を適正に統率するのは，α が β を θ 統率か先行詞統率する場合のみである． (*ibid.*)

(174) で注意すべきは，先行詞統率である．たとえば，ある要素が t の位置から t' の位置に移動した場合，t' が t を先行詞統率するには，その間に障壁が介在してはならない(障壁については，2.2.5 節を参照)．さら

に，Chomsky は Lasnik and Saito (1984) の γ 標示の方法を採用して，空範疇原理を (175) のように捉えなおしている．

- (175) γ標示： もし α が β を適正統率するならば，β に $[+\gamma]$ を付与し，そうでなければ $[-\gamma]$ を付与する．
- (176) 空範疇原理： 空範疇は LF で $[+\gamma]$ が与えられていなければならない．　　　　　　　　　　　　　　(Chomsky 1986, 17–18)

(175) の γ 標示は，項の痕跡に対しては S 構造で，付加詞の痕跡に対しては LF で行われる．さらに，項の連鎖の中間痕跡は LF で削除されるが，非項の連鎖の痕跡は削除されない．

以上が，Chomsky (1986) の空範疇原理の概要である．次に，この原理の適用例を見てみよう．まず，(172) を考えると，これは次のような派生構造を持つ．なお，適正統率されていない痕跡には，γ 標示により，$[-\gamma]$ を示す * が付けられている．（ただし，痕跡は説明上関係のあるものだけ，すなわち，主節の CP 指定部にある wh 句の痕跡だけを表示している．）

- (177) a. which problem$_1$ do you [$_{VP}$ t_1'' [$_{VP}$ wonder [$_{CP}$ how [$_{IP}$ John [$_{VP}$ *t_1' [$_{VP}$ solved t_1]]]]]]
  b. who$_1$ do you [$_{VP}$ t_1' [$_{VP}$ wonder [$_{CP}$ which problem [$_{IP}$ *t_1 solved]]]]
  c. how$_1$ do you [$_{VP}$ t_1'' [$_{VP}$ wonder [$_{CP}$ which problem [$_{IP}$ John [$_{VP}$ *t_1' [$_{VP}$ solved t_1]]]]]]

(177a) では，t_1 が動詞と中間痕跡 t_1' によって適正統率されるが，t_1' は t_1'' によって適正統率されない．なぜなら，t_1' と t_1'' の間に障壁（CP）があるからである．これらは項の痕跡であるので，S 構造で γ 標示が行われ，適正統率されていない中間痕跡の t_1' のみに $[-\gamma]$ が付与される．しかし，この痕跡は中間痕跡であるので，LF で削除される．その結果，(177a) の痕跡は空範疇原理に違反しないことになる．この文の文法性が少し落ちるのは，下接の条件の弱い違反による．(177b) の痕跡 t_1 も適正に統率されない．なぜなら，t_1 は θ 統率も先行詞統率もされないからである．t_1 は項

の痕跡であるので，S構造でγ標示が行われ，[−γ]が付与されるが，この痕跡は，中間痕跡ではないので，LFでは削除されない．したがって，この t_1 が空範疇原理に違反する．(177c)では，CPの介在により，t_1' は t_1'' によって先行詞統率されない．この痕跡は付加詞の痕跡であるので，LFで t_1' にγ標示が行われ，[−γ]が付与される．この痕跡は非項の痕跡であるので，LFで削除されることはない．その結果，t_1' が空範疇原理に違反する．

次に，付加詞条件に違反した例を考えてみよう．

(178) a. *Which car$_1$ did [$_{IP}$ you leave [$_{Adjunct}$ before fixing t_1]]?
 b. *How$_1$ did [$_{IP}$ you leave [$_{Adjunct}$ before fixing the car t_1]]?

Chomsky (1986)の分析では，(178)には2つの障壁(付加詞とIP)がある．したがって，which carとhowの移動は下接の条件に違反する．さらに，(178b)では，howの痕跡が障壁の介在により先行詞統率されず，空範疇原理に違反する．

また，空範疇原理はLFで生じる痕跡にも適用されるので，次のような例の文法性も説明できる．

(179) a. *Who left [before fixing the car how]?
 b. Who left [before fixing what]?

(179)では，howとwhatが解釈のため，LFで文頭のwhoに付加されると仮定されている．(179b)のwhatの痕跡は動詞によって適正に統率されるが，(179a)のhowの痕跡は適正に統率されず，空範疇原理に違反する．

複合名詞句制約に違反した例も，同様な説明ができる．

(180) a. *Which car$_2$ did you meet [$_{NP}$ a man [$_{CP}$ who$_1$ [$_{IP}$ t_1 fixed t_2]]]?
 b. *How$_2$ did you meet [$_{NP}$ a man [$_{CP}$ who$_1$ [$_{IP}$ t_1 fixed the car t_2]]]?

(180)では，CPとNPの2つの障壁があるので，which carとhowの移

動は下接の条件に違反する．さらに，(180b) の how の痕跡は，障壁の介在により先行詞統率されず，空範疇原理に違反する．（項移動（A 移動）や主要部移動による痕跡と空範疇原理に関しては，第 3 章と第 4 章を参照．）

しかし，上で示した空範疇原理は，すべての例を説明するわけではない．たとえば，次のような例を説明することができない．

(181) a. *How did John [$_{VP}$ t''' [$_{VP}$ announce [$_{NP}$ a [$_{N'}$ plan [$_{CP}$ t'' to [$_{VP}$ t' [$_{VP}$ fix the car t]]]]]]]?
b. *Who did you [$_{VP}$ t'' [$_{VP}$ believe [$_{CP}$ t' [$_{C'}$ that [$_{IP}$ t would win]]]]]?

ここで注目すべきことは，最大投射の NP, CP が，それぞれ announce, plan, believe によって語彙標示されているので，障壁ではないことである．したがって，how と who の移動は下接の条件を満たす．また，これらの wh 句の痕跡は，空範疇原理も満たす．しかしながら，これらの例は非文法的である．この事実を説明するために，Chomsky (1986) は次のような最小性条件 (Minimality Condition) を提案している．

(182) 最小性条件： ...α...[$_γ$...δ...β...] において，もし γ が，β とは異なるゼロレベル範疇 δ の直接投射であるならば，γ は α から見て β に対する障壁になる． (Chomsky 1986, 42)

(182) の趣旨は，X バー構造において，バーが 1 つの範疇は，そのなかの要素にとって障壁になるということである．この条件に従えば，(181a, b) の N′ や C′ が障壁になる．その結果，(181a) では，t'' が t''' によって先行詞統率されない．この痕跡 t'' は付加詞の痕跡であるので，LF において [$-γ$] が標示され，削除されることはない．したがって，この痕跡 t'' が空範疇原理に違反することになる．また，(181b) でも，t が t' によって先行詞統率されない．この痕跡 t は項の痕跡であるので，S 構造で [$-γ$] が付与されるが，この痕跡は中間痕跡ではないので，LF で削除されない．その結果，この痕跡が空範疇原理に違反することになる．

空範疇原理はさまざまな言語事実を説明するが，問題もある．概念的な問題は，適正統率が「θ 統率」あるいは「先行詞統率」というように，選

言的（disjunctively）に形式化されていることである．Rizzi (1990, 76) も指摘するように，選言的な形式化は，問題の本質を捉えていないことに等しい．（実際，Chomsky (1986) の後半では，空範疇原理を先行詞統率のみで定義することを示唆している．）さらに，最小性条件による障壁が，他の障壁とは異質であることも問題である．なぜなら，これは先行詞統率のみに関わるからである．また，経験的な問題としては，次のような例の文法性が，空範疇原理では正しく予測されない．

(183) a. Who do you think everyone saw at the rally?
(May 1985, 121)
b. *What topic did you tell who about *t*? (*ibid.*, 128)

(183a) では，LF で everyone が，作用域の解釈のために主文の IP に移動する．その痕跡は適正統率されず，空範疇原理に違反するが，(183a) は文法的である．逆に (183b) では，LF における who の移動による痕跡が，動詞によって θ 統率され，空範疇原理を満たすが，この文は非文法的である．さらに (184) のように，that と主語痕跡の間に別の要素が介在している場合，文法性が高まることも説明できない．

(184) I asked what Leslie said [$_{CP}$ that in my opinion [$_{TP}$ *t* had made Robin give a book to Lee]]. (Culicover 1991, 8)

2.2.7 相対的最小性

前節では，Chomsky (1986) の最小性条件を概観した．この条件によれば，…α…[$_\gamma$…γ^0…β…] という構造において，γ^0 が β を統率している場合，γ' が β に対して最小障壁を形成する．この条件の特徴は，γ^0 と β の間に主要部統率が成立している場合に限り，α は β を主要部統率も先行詞統率もできない点である．たとえば，(185a) では，picture が Tom を主要部統率していて（ここでは of は無視するものとする），N′ が Tom に対して障壁を形成するので，saw は Tom を主要部統率することはできない．また (185b) でも，that が *t* を主要部統率していて，C′ が *t* に対して障壁を形成するので，中間痕跡 *t*′ は *t* を先行詞統率することはで

きない．

(185) a. They saw [$_{NP}$ Bill's [$_{N'}$ picture of Tom]].
b. *Who do you believe [$_{CP}$ t' [$_{C'}$ that [$_{IP}$ t would win]]]?

Rizzi (1990, 3) はこれを，厳格な最小性 (rigid minimality) と呼ぶ．

これに対して，α と β の間に β を統率できる要素 γ がなければ，その両者の間に統率関係が成り立ち，γ があれば統率関係が阻止されると Rizzi は主張している．注目すべきことは，γ を相対化し，α と β が項連鎖 (A-chain) を形成すれば項位置の要素が γ になり，非項連鎖 (A'-chain) を形成すれば非項位置の要素が γ になり，さらに，主要部連鎖 (Head-chain) を形成すれば主要部位置の要素が γ になることである．Rizzi はこれを相対的最小性 (relativized minimality) と呼び，次のように定義している．

(186) 相対的最小性： X は次の条件を満たす Z がない場合にのみ，Y を先行詞統率，あるいは，主要部統率する．
a. Z は Y にとって，先行詞統率あるいは主要部統率できる要素である．
b. Z は Y を c 統御し，X を c 統御しない．

(186) の「先行詞統率あるいは主要部統率できる要素」は，次のように定義されている．

(187) a. Z は，項連鎖(A 連鎖)にある Y を c 統御する項指定部(A 指定部)である時，Y を先行詞統率できる要素となる．
b. Z は，非項連鎖(A' 連鎖)にある Y を c 統御する非項指定部(A' 指定部)である時，Y を先行詞統率できる要素となる．
c. Z は，X^0 連鎖にある Y を c 統御する主要部である時，Y を先行詞統率できる要素となる．
d. Z は，Y を m 統御する主要部である時，Y を主要部統率できる要素である． (Rizzi 1990, 7)

Rizzi の理論では，移動する要素が指示的指標 (referential index) を持つかどうかが重要である．この指標は，D 構造の指示的 θ 役割 (referential θ role) を受けるすべての位置に付与され，指示的 θ 役割によって認可される．たとえば，Who_k did you see t_k? のような wh 疑問文では，指標 k は D 構造で付与され，see が目的語に付与する指示的 θ 役割によって認可される．ここで注目すべきことは，この指標が，非項依存（A′-dependency）関係を表すために用いられることである．つまり，指示的指標を持つ要素が移動すれば，その要素と痕跡は束縛関係（binding relation）（先行詞とその痕跡が同一指標を持ち，その間に c 統御が成立する関係）で結びつけられる．これに対して，How did you behave t? のような wh 疑問文では，そのような指示的 θ 役割は関与しない．したがって，how と痕跡を結びつけるのは，束縛関係以外の手段，すなわち，連鎖（chain）による．

(188) 連鎖：$(a_1, \ldots, a_n)$ において，$1 \leq i < n$ のとき，a_i が a_{i+1} を先行詞統率している場合にのみ，$(a_1, \ldots, a_n)$ は連鎖である．
(Rizzi 1990, 92)

(188) の先行詞統率は (189) のように定義され，そこに上記の相対的最小性が組み込まれている．

(189) 先行詞統率： 次の条件が満たされる場合にのみ，X は Y を先行詞統率する．
    a. X と Y が異なる．
    b. X が Y を c 統御する．
    c. 障壁が介在しない．
    d. 相対的最小性が守られる．

ここで，(190) のような例を考えてみよう．

(190) a. *How do you wonder [which problem] to solve t?
    b. *John seems that [it] is likely t to win.
    c. *Have they [could] t left?
    d. *John tried [C] Bill to win.　　　(Rizzi 1990, 8–11)

まず，(190a) では，指示的指標を持たない how が移動しているので，how と t の関係づけは連鎖によって行われる．しかし，how と t の間に

は，非項指定部にある which problem が介在しているので，(186) の相対的最小性により，how は t を先行詞統率しない．したがって，両者には連鎖が形成されず，(190a) は非文法的になる．(ここで注意すべきことは，Rizzi の枠組みでは，how の痕跡が空範疇原理に違反しないことである．なぜなら，空範疇原理は主要部統率によって定義され (Rizzi 1990, 87)，how の痕跡は T によって主要部統率されるからである.）同じような説明が，(190c) にも適用される．(190b) では，主語の痕跡は指示的指標を受けるので，先行詞との関連づけは束縛によって行われる．そうすると，この文が文法的だと誤って予測される．そのために，Rizzi は (191) のように，上記の連鎖を θ 基準のなかに組み込むことを提案している．

(191)　θ 基準
　　　a.　各 θ 位置は，1 つの項のみを含む連鎖に属している．
　　　b.　各項は，1 つの θ 位置のみを含む連鎖に属している．

その結果，John と痕跡 t の間に項位置にある it が介在するので，John は痕跡を先行詞統率できなくなり，連鎖が形成されない．したがって，(190b) は θ 基準の違反により非文法的になる．(190d) では，tried が C の存在により，Bill を主要部統率することができない．

　以上が Rizzi の相対的最小性の概要である．最後に，経験的な問題を指摘したい．まず，(192a) の how は指示的指標を持たないので，痕跡 t との関連は連鎖によるしかない．しかし，非項指定部にある not が how と t の間に介在するので，how は t を先行詞統率できないし，連鎖を形成することもできない．したがって，相対的最小性は，(192a) の非文法性を正しく予想する．しかし，この説明を (192b) に適用することはできない．(192b) は，(192a) と異なり，否定的な読みを持つ few people が主語位置にあるが，非文法的である．もし (192b) の文法性を相対的最小性によって説明しようとすれば，この主語位置は，not と同じ非項位置とみなされなければならない．そうすると，相対的最小性がよりどころにしている項位置と非項位置の区別がなくなってしまうことになる．

(192) a. *How didn't you behave *t*? (Cinque 1990, 2)
　　　 b. *Why do few people think that Bill was fired *t*?
　　　　(cf. Why do a few people think that Bill was fired *t*?)
　　　　　　　　　　　　　　　　　　　　　　　(Rizzi 1990, 20)

また，相対的最小性は，次の (193a, b) の文法性の違いを説明できない．なぜなら，これらの文の痕跡 *t* はともに指示的指標を持つので，wh 句との関係づけは束縛関係によって行われるにもかかわらず，2 つの文の間で文法性が異なるからである．

(193) a. *How many dollars do you wonder whether I think *t* are on the table?
　　　 b. Which book do you wonder whether I think *t* is on the table?　　　　　　　　　　　　　　　　(Frampton 1991, 40)

この Rizzi の相対的最小性は，後に MP において，最小連結条件 (Minimal Link Condition) に組み込まれることになる．なお，(190b) のような項移動と (190c) のような主要部の移動については，第 3 章と第 4 章で詳しく議論する．

2.3　島の現象とミニマリスト・プログラム

2.3.1　強い島と弱い島

Cinque (1990), Manzini (1998), Postal (1998) などによって指摘されているように，島には強いものと弱いものがある．たとえば，次の (194)–(196) は，それぞれ，主語の島，複合名詞句の島，付加詞の島を表す．who, what などの指示的な wh 句も how, why などの非指示的な wh 句も，これらの島から取り出せない．一方，(197)–(199) は，それぞれ，wh の島，内部否定の島 (inner island)，叙実の島 (factive island) を表し，非指示的な wh 句のみがこれらの島から取り出せない．Cinque は前者を強い島と呼び，後者を弱い島と呼ぶ．本節では，この事実をミニマリスト・プログラム (MP) の立場から考察し，その説明方法を提案する．

(194) a. *What do you believe that explaining *t* bothered him?

b. *How do you believe that fixing the car *t* bothered him?
(195) a. *What do you know the student that explained *t*?
        b. *How do you know the student that fixed it *t*?
(196) a. *To whom did you leave without speaking *t*?
        b. *How did he leave before fixing the car *t*?
(197) a. What$_1$ do you wonder how$_2$ to explain t_1 t_2?
        b. *How$_2$ do you wonder what$_1$ to fix t_1 t_2?
(198) a. To whom didn't you speak *t*?
        b. *How didn't you behave *t*?
(199) a. What do you regret that you could not explain *t*?
        b. *How do you regret that you fixed it *t*?

2.3.2 フェイズ不可侵条件とその問題点

　MP では，言語は語や意味や構造の情報を，言語運用システムに供給すると考えられている．言語運用システムには，感覚運動システムと思考システムがあるので，前者と後者にそれぞれ，音の情報(PF 表示)と意味・構造の情報(LF 表示)が派生されなければならない．MP では，そのための操作として，「併合」(Merge)，「一致」(Agree)，「移動」(Move)が仮定されている(⇒ 1.2)．併合と一致は，それぞれ 1 つの独立した操作であるが，移動は，併合と一致の 2 つの操作から成り立っている．一致は，語彙項目の解釈されない素性(これを探針(probe)と言う)と，それに対応する素性 F (これを目標(goal)と言う)の間に，照合・削除を行うものである．Chomsky (2000) は，一致における探針と目標の間に，次のようなシステムを仮定している．(以下 (200)–(205) については 1.2 節においてすでに述べたが，本節の議論の都合上，もう一度これを繰り返す．)

(200) 探針と目標のシステム (Probe-Goal System)
        a. 素性のマッチング (matching) とは，素性同士が同一であることである．
        b. 探針の領域は，その姉妹関係にある要素である．
        c. 局所性は，最も近い c 統御関係に還元される．
                                              (Chomsky 2000, 122)

ここで移動を考えてみよう．MP では，要素は最短距離の移動を連続的に行い，最終的な位置に移動すると仮定されている．この線に沿って，Chomsky (2000) は (201) のフェイズ (phase) という概念に基づき，(202) のようなフェイズ不可侵条件 (Phase-Impenetrability Condition: PIC) を提案している．

(201) フェイズ：C あるいは v を含む語彙的な下位配列 (lexical subarray) から派生された統語構成素を，派生のフェイズと言う． (*ibid.*, 106)

(202) フェイズ不可侵条件：主要部 H のフェイズ α において，H の領域は α の外で適用される操作にアクセスされないが，H とその指定部はアクセス可能である． (*ibid.*, 108)

(201) の C, v はそれぞれ，補文標識，軽動詞 (light verb) であるので，フェイズを形成する範疇は CP と vP となる．また，(202) の「H の領域」とは，フェイズ $[_{HP} \beta [_{H'} H \gamma]]$ における H の補部 γ を言う．なお，β は単一あるいは多重からなる指定部をさし，Chomsky はこれを総じて，端 (edge) と呼ぶ．したがって，次の構造において，C, v の領域とはそれぞれ IP と VP となる．

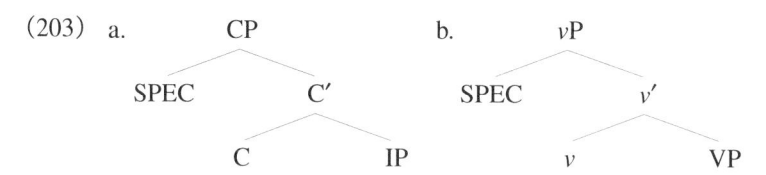

(203) a.　　　　CP　　　　　b.　　　　vP
　　　　　／＼　　　　　　　　　　／＼
　　　SPEC　　C′　　　　　SPEC　　v'
　　　　　　　／＼　　　　　　　　　　／＼
　　　　　　C　　IP　　　　　　　v　　VP

(202) に従えば，(203a, b) のフェイズ CP, vP の外で，何らかの操作がこのフェイズに適用される場合，アクセス可能な要素は，C, v の指定部か主要部 C, v そのものに限られる．

さて，具体的に (204) のような文を考えてみよう．(204) は派生のある段階で，(205) のようなフェイズ (CP, vP) を持つ．

(204) Which article will you read *t*?
(205) $[_{CP}$ C you will $[_{vP}$ read-v which article$]]$

(205) の wh 句の移動には，(202) の PIC が適用される．したがって，この条件に違反することなく wh 句を CP 指定部に移動させるには，フェイズ CP で移動操作が wh 句に適用される時に，この wh 句はフェイズ vP の指定部に移動していなければならない．Chomsky (2000) はこれを保証するために，(206) を仮定している．

(206)　フェイズ PH の主要部 H には，EPP 素性が付与されてもよい．
(Chomsky 2000, 109)

この仮定が与えられると，(205) のフェイズ vP の主要部に EPP 素性が付与されるので，wh 句は (207) に示すように，vP 指定部に繰り上げられる．その結果，フェイズ CP で適用される移動操作は，PIC に違反することなく，wh 句を CP 指定部に繰り上げることができる．

(207)　[$_{CP}$ SPEC [$_{C'}$ C [$_{TP}$ you will [$_{vP}$ which article [$_{v'}$ read-v t]]]]]

しかし，PIC は，島の現象に対して問題を提起する．たとえば，(194) を考えると，この文は派生のある段階で次の構造を持つであろう．

(208)　a.　[$_{CP}$ that [$_{TP}$ [$_{TP}$ PRO [$_{vP}$ what [$_{v'}$ explaining t]]] bothered him]]
　　　b.　[$_{CP}$ that [$_{TP}$ [$_{TP}$ PRO [$_{vP}$ how [$_{v'}$ fixing the car t]]] bothered him]]

(208) の構造に (206) が適用されると，C に EPP 素性が付与される．その結果，what, how は CP 指定部に移動できる．いったん，主語の島から wh 句が取り出されると，これらの派生構造は (207) と同様に収束する．したがって，(206) は，(208) のような構造から主語の島の効果をなくし，(194) が文法的な文として派生されることを許す．同じことが，他の強い島 ((195), (196)) と弱い島 ((197)–(199)) の場合にも言える．

2.3.3　指示的 Wh 句の移動

そこで，以下では，MP において 2.3.1 節で示した強い島と弱い島の

説明方法を考察する．手順として，本節では指示的な wh 句の取り出しを，次節では非指示的な wh 句の取り出しを考える．

まず，問題解決の糸口を見出すために，指示的な wh 句の取り出しに対する，強い島(主語の島，複合名詞句の島，付加詞の島)に共通する統語的特徴を調べてみよう．強い島は，派生の過程で次のような構造に現れる．

(209) a. [$_{TP}$ DP [$_{T'}$ ...]]　（主語の島）
b. [$_{DP}$ ... [$_{D'}$ D [$_{NP}$ N′ CP]]]　（複合名詞句の島）
c. [$_{vP}$ [$_{VP}$ V CP / PP] (CP / PP)]　（付加詞の島）

(209a) の DP は，主語の位置を示す．また，(209b) の CP と (209c) の CP / PP (補部か VP 付加位置) は，それぞれ関係節と副詞表現の位置を示す．これらの構造に共通していることは，主語，関係節，副詞表現が X^0 範疇によって選択されていないことである．したがって，強い島は次のように定義できるであろう．

(210)　X^0 範疇によって選択されていない要素は，指示的な wh 句の移動に対して島を形成する．

次に，(197)–(199) の弱い島を考えてみよう．これらの島は，それぞれ次のような構造に現れる．

(211) a. [$_{VP}$ V [$_{CP}$ wh C [$_{TP}$ ...]]]　（wh 島）
b. [$_{TP}$ T [$_{NegP}$ Neg [$_{vP}$ ...]]]　（内部否定の島）
c. [$_{TP}$ T [$_{FP}$ F [$_{vP}$ [$_{VP}$ V [$_{CP}$ ...]]]]] (V = factive verb)　（叙実の島）

(211a) の CP は wh 島を示し，V によって選択されている．(211b) の NegP は内部否定の島を示し，T によって選択されている．また，Manzini (1998) によれば，(211c) の FP (focus phrase) は叙実の島を示し，T によって選択されている．したがって，(210) が与えられると，これらの弱い島 (CP, NegP, FP) は，そのなかにある指示的な wh 句の移動に対して，島を形成しない．これが正しいことは，(197a), (198a), (199a) のような例が文法的であることによって示される．

そこで，(210)を利用して，島の現象を説明する方法を考えてみよう．Chomsky (2000)は，フェイズのなかの要素を，PIC に違反することなくその外へ移動させるために，(206)を提案した．この規則は，wh 句以外の移動現象(たとえば，話題化(Topicalization))にも適用されるので，(206)によって付与される素性は EPP だけでなく，繰り上げられるべき語彙項目の素性でなければならない．そこで，(206)を次のように修正したい．

(212) フェイズの主要部には，EPP 素性と P 素性が付与されてもよい．

(212)の P 素性は，Chomsky (1998) に従い，繰り上げの対象になっている要素の素性を示す．

さて，who, what などの wh 句と，how, why などの wh 句を区別するために，Rizzi (1990), Cinque (1990) に従い，前者は指示的素性(R 素性)を，後者は非指示的素性(NR 素性)を持つとする．ただし，これらの素性は照合を受けても削除されず，次のフェイズにおいて計算に利用されなければならない．なぜなら，これは PIC に違反することなく，要素をフェイズの端に繰り返し移動させるための素性であるからである．したがって，派生の途中でこれらの素性が削除されないのは，Chomsky (2001) に従い，探針(R 素性，NR 素性)を持つ C, v が，Q 素性を持たないからだと仮定する．(212)が与えられると，指示的な wh 句の取り出しでは，フェイズの主要部に EPP 素性と R 素性が付与される．(同様に，非指示的な wh 句の取り出しでは，フェイズの主要部に EPP 素性と NR 素性が付与される．)また，探針の探査領域は(200b)にあるように，その姉妹関係に限られているが，ここでは，(213)のように，フェイズに付与された素性によって決定されると仮定する．

(213) 探針の探査領域は，フェイズの主要部に付与された P 素性によって決定される．

そして，フェイズの主要部に指示的な wh 句の R 素性が付与された場

合，(210) を考慮に入れて，その素性の探査領域を次のように定義する．

(214) 探針 (R 素性) の探査領域は，X^0 範疇によって選択された範疇である．

(214) の X^0 範疇とは，C, T, v などの核機能範疇だけでなく，V, A, N, P などの語彙範疇もさす．また，「選択された範疇」とは，X^0 範疇によって選択された要素の投射をさす．たとえば，v は V を選択し，C は T を選択するので，v, C によって選択された範疇は，それぞれ VP, TP となる．また，主語のように，ある要素が X^0 範疇によって選択されていても，それが X^0 範疇によって選択されていない位置に移動すれば，その要素は (214) の「選択された範疇」とはみなされない．ここで注意すべきことは，探針 (R 素性) と wh 句の R 素性 (目標) が照合関係に入るには，wh 句が探針のすべての探査領域内に存在しなければならないことである．

(215) 目標と探針が照合関係に入るには，目標は探針のすべての探査領域内に存在していなければならない．

たとえば，(194a)(=(216a)) が派生の過程で，(216b) のような構造に達したとしよう．(ただし，以後の構造では，説明に必要な素性のみを示し，補文標識の Q 素性や wh 句の F_Q 素性は省略する．)

(216) a. *What do you believe that explaining t bothered him?
b. [$_{CP}$ [$_C$ that, EPP, R] [$_{TP}$ [TP] PRO [$_{vP}$ [what, R] [$_{v'}$ explaining t]]] bothered him]]

(216b) では，(212) により，フェイズ CP の主要部に EPP 素性と R 素性が付与されている．TP は C によって選択される範疇であるので，C の探針 (R 素性) の探査領域になる．しかし，TP 指定部 ([TP]) はその探査領域にはならない．なぜなら，TP 指定部はいかなる主要部からも選択されないからである．したがって，C の R 素性と TP 指定部にある what の R 素性は照合関係に入らないので，what は CP 指定部に繰り上げられず，(216b) は収束しない．このように，(212), (214), (215) を仮定すれば，(194a) の「主語の島」の現象は説明できる．また同様に，(195a) の「複

合名詞句の島」，(196a)の「付加詞の島」の現象も説明できる．なぜなら，これらの島が「主語の島」と同様に，主要部によって選択されない範疇のため，(212)により該当するフェイズの主要部にR素性が付与されても，これらの島はその探針(R素性)の探査領域にはならないからである．

さらに，これらの仮定は，(198a) (= (217a))，(199a) (= 217b) のような弱い島の現象を，文法的な文であると正しく予測する．

(217) a. To whom didn't you speak *t*?
b. What do you regret that you could not explain *t*?

たとえば，(217a, b) は派生の過程で次のような構造を持つであろう．

(218) a. [$_{CP}$ C [$_{TP}$ you [$_{T'}$ T [$_{NegP}$ Neg [$_{vP}$ [to whom, R] [$_{v'}$ *v* [$_{VP}$ speak *t*]]]]]]]
b. [$_{CP}$ C [$_{TP}$ you [$_{T'}$ T [$_{FP}$ F [$_{vP}$ [what, R] [$_{v'}$ *v* [$_{VP}$ regret that you could not explain *t*]]]]]]]

(218a, b) では，to whom, what が *v*P 指定部に繰り上げられている．ここで上位のフェイズ CP の主要部に，EPP 素性と R 素性が付与されるならば，それらの素性は wh 句を CP 指定部に繰り上げる．なぜなら，C と wh 句の間に介在する TP, NegP, FP, *v*P はそれぞれ，C, T, Neg, F の X^0 範疇によって選択された範疇であるので，これらは，(214)に従い，C の探針(R 素性)の探査領域になるからである．

ここで問題となるのは，(197a) (= (219)) である．

(219) What$_1$ do you wonder how$_2$ to explain t_1 t_2?

Chomsky (2000, 2001) は，一度照合された要素が「探針」と「目標」の間に介在すれば，両者のマッチングは阻止されると主張して，それを欠陥要素介在制約 (Defective Intervention Constraints: DIC) として提案している．

(220) 欠陥要素介在制約：$\alpha > \beta > \gamma$ という構造において，α, β, γ の間に c 統御関係が成り立ち，β と γ が探針の α とマッチして

いるが，βが不活性である場合，αとγのマッチングは阻止される． (Chomsky 2000, 123)

このことを前提にして，(219)を考えると，この文は派生の過程で次の構造を持つであろう．

(221)　[$_{vP}$ you [$_{v'}$ [v, EPP, R] [$_{VP}$ wonder [$_{CP}$ how$_1$ [$_{C'}$ C [$_{TP}$ PRO [$_{T'}$ to [$_{vP}$ [what$_2$, R] [$_{v'}$ v [$_{VP}$ explain t_1 t_2]]]]]]]]]]

(221)において，howの素性はCの素性によって照合され，削除される．その結果，howは不活性である．また，whatはフェイズCPの主要部の補部(領域)にある．したがって，whatがhowを飛び越えてvP指定部に移動するのは，PICとDICに違反する．この問題を回避して，(219)を派生するために，(222)を仮定したい．

(222)　欠陥時制(defective Tense)を選択する不活性なCは，EPP素性とR素性が付与されてもよい．

(222)の欠陥時制とは，一致に関わるφ素性を持たない要素である(たとえば，to 不定詞の to がそれにあたる)．(222)により，(219)と(223)の文法性の対比を説明することができる．なぜなら，(223)では，埋め込み文のTが完全なφ素性を持つので，(222)が適用されないからである．

(223)　?*What$_1$ do you wonder how$_2$ they explained t_1 t_2?

以上の分析には，経験的な利点がある．これまで，C, T, v, Vによって選択された範疇は，探針(R素性)の探査領域になることを見た．X^{0}範疇にはこのほかにA, P, Nがある．したがって，(214)は，A, P, Nによって選択される範疇も，探針(R素性)の探査領域になると予測する．次の例は，この予測が正しいことを示している．

(224)　a.　What are you [$_{AP}$ certain [$_{CP}$ that John repaired t]]?
　　　　b.　Who does he consider [$_{AP}$ Bill angry [$_{PP}$ at t]]?
(225)　a.　Who was he counting [$_{PP}$ on [$_{TP}$ them giving a present to t]]?

　　　　b. Who was he looking forward [PP to [TP receiving a letter from *t*]]?
(226)　a. Who did you take [NP a picture [PP of *t*]]?
　　　　b. ?Which article did John hear [NP a rumor [CP that you had read *t*]]?

たとえば (224a) は，派生の過程で (227) のような構造を持つであろう．

(227)　[CP2 [C, EPP, R] [TP you [T' T [VP are [AP certain [CP1 [what, R] [C' that [TP John repaired *t*]]]]]]]]

(227) では，what が CP₁ 指定部に繰り上げられている．(212) により，CP₂ の主要部 C に EPP 素性と R 素性が付与されるならば，what は移動操作の適用を受け，CP₂ 指定部に繰り上げられる．なぜなら，CP₁ は形容詞 certain によって選択された範疇であり，その他の TP, VP, AP も主要部によって選択された範疇であるので，(214) により，これらはすべて C の探針 (R 素性) の探査領域になるからである．同じ説明が，(224b)，(225a, b)，(226a, b) にも成り立つ．なぜなら，(224b) の PP，(225a, b) の TP，(226a, b) の NP, PP, CP は，それぞれ A, P, N によって選択された範疇だからである．

　また，(214) は次のような文の文法性の違いを説明することができる．

(228)　a. What did you make the claim that he bought *t*?
　　　　b. *What did you believe the claim that he bought *t*?

(228a) の that 節は，主節の *v* の探針 (R 素性) の探査領域になる．なぜなら，この that 節は claim によって選択されている範疇だからである．一方，(228b) の that 節は同格節であるので，主節の *v* の探針 (R 素性) の探査領域にはならない．(228a) の that 節が選択される範疇であることは，(229a) のように，that の生起が随意的であることからわかる．というのも，think, say などの動詞によって語彙的に選択された that 節では，(230) のように that の生起が随意的であるからである．これに対して，(228b) の that の生起は (229b) が示すように義務的であるので，that 節は語彙

的に選択されていないと言える．(228a) の that 節が主節の v の探針(R 素性)の探査領域であれば，その内部にある what は主節の v の指定部に繰り上げられ，その結果，(228a) のみが文法的な文となる．

(229) a. I made the claim {that / ___} he should buy a car.
b. I believe the claim {that / *___} he should buy a car.
(230) I think {that / ___} he is intelligent.

ちなみに，(214) は，X^0 範疇が (231) のような焦点 (F) の場合も説明できる．この例は，派生の過程で (232) のような構造を持つであろう．

(231) Who do you believe that only for this reason they would hire t?
(Manzini 1998, 203)
(232) [$_{CP}$ [$_C$ that, EPP, R] [$_{FP}$ only for this reason [$_{F'}$ F [$_{TP}$ they [$_{T'}$ would [$_{vP}$ [who, R] [$_{v'}$ v [$_{VP}$ hire t]]]]]]]]

(232) の FP, TP, vP は，X^0 範疇によって選択された範疇である．したがって，これらは，C の探針(R 素性)の探査領域になるので，2 つの R 素性が照合され，who が CP 指定部に繰り上げられる．

さらに，(214) は，X^0 範疇によって選択されていない範疇から，wh 句の繰り上げが許されないことを，正しく予測する．

(233) a. *Which wall did you steal [$_{DP}$ a picture [$_{PP}$ on t]]?
b. *Which country did he meet [$_{DP}$ a man [$_{PP}$ from t]]?
(234) a. *What$_1$ did Lee say that [$_{TP1}$ to Robin$_2$ [$_{TP2}$ she gave t_1 t_2]]?
b. What$_1$ did Lee say that [$_{PolP}$ to Robin$_2$ [$_{Pol'}$ Pol [$_{TP}$ she gave t_1 t_2]]]? (Culicover 1991, 32)

(233a, b) の PP は，a picture, a man を修飾する要素であるので，選択された範疇ではない．したがって，これらの PP は選択された領域ではない．また，Culicover (1991) が指摘するように，話題の話題化 (234a) は島を形成するが，焦点の話題化 (234b) は島を形成しない．彼は，前者では話題化された要素が TP に付加され，後者のそれは，PolP 指定部 (Manzini (1998) の FP に相当) に移動すると主張している．この主張が正しけれ

ば，(234a) の TP$_2$ は選択された範疇ではない．したがって，(234a) の TP$_2$ が当該の探針(R 素性)の探査領域にならない．

(214)は，R 素性を持つ探針の探査領域を決定するものであるが，この決定は LF では行われてはならない．なぜなら，次の (235b), (236b), (237b) に見られるように，主語の島，複合名詞句の島，付加詞の島にある wh 句は解釈上，主節の wh 句と関係づけられなければならないからである．

(235) a. *Who do you think that [pictures of *t*] would please John?
b. Who thinks that pictures of who would please John?
(236) a. *Which article did you file it [without reading *t*]?
b. Who filed it without reading which article?
(237) a. *Who do you like [books that criticize *t*]?
b. Who likes books that criticize whom?

そこで，Richards (1999) の最小追従原理 (Principle of Minimal Compliance: PMC) を採用する．この原理により，(214) により決定された探査領域の内部の要素は，以後の操作でその領域外の要素と関係づけられることになる．

(238) 最小追従原理：ある制約 C に従うような依存関係 D があれば，他の依存関係 D′ が制約 C に従うかどうかを決定するのに，D の参与者はそれ以降の派生において無視される．

(Richards 1999, 6)

2.3.4 非指示的な Wh 句の移動

次に，how, why などの非指示的な wh 句が繰り上げられる場合を考えてみよう．この種の wh 句は，強い島，弱い島の両方から取り出せないので，指示的な wh 句の島に用いた「X^0 範疇によって選択されない要素」という概念では，不十分である．たとえば，Chomsky (1986) は次のような例をあげて，付加詞の取り出しは項に比べて困難だと指摘している．

(239)　a.　?Which book did John announce a plan [$_{CP}$ to read t]?
　　　　b.　*How did John announce a plan [$_{CP}$ to fix the car t]?
(Chomsky 1986, 35)

(239b)で問題になるのは，CP が N に選択された要素であるにもかかわらず，how の取り出しができないことである．したがって，N によって選択された要素は，島を形成すると言える．これに対して，X^0 範疇，とくに C, T, v の核機能範疇と V によって選択された要素が，非指示的な wh 句に対して島にならないことは，次の例が示すとおりである．

(240)　a.　How do you think that John fixed the car t?
　　　　b.　[$_{CP2}$ C$_2$ [$_{TP2}$ you [$_{T2'}$ T$_2$ [$_{vP2}$ v_2 [$_{VP2}$ [$_{V2}$ think] [$_{CP1}$ [$_{C1}$ that] [$_{TP1}$ John [$_{T1'}$ T$_1$ [$_{vP1}$ v_1 [$_{VP1}$ fixed the car how]]]]]]]]]]]

(240a)の構造を GB 理論の枠組みで示すと，(240b)のようになる．(240b)の VP$_1$, vP$_1$, TP$_1$, CP$_1$, VP$_2$, vP$_2$, TP$_2$ はそれぞれ，v_1, T$_1$, C$_1$, V$_2$, v_2, T$_2$, C$_2$ によって選択されている．(240a)は文法的な例だから，v, T, C と V によって選択された要素は，非指示的な wh 句の取り出しに対する島にはならない．今，v, T, C, V を核範疇 (core category) とすれば，非指示的な wh 句の取り出しに対する島は，次のように定義できる．

(241)　核範疇によって選択されていない要素は，非指示的な wh 句の取り出しに対して，島を形成する．

ここで問題になるのは，核範疇が共通な特徴を持つかどうかである．現代英語の例である (242) は，be, have 動詞が T, C に移動することを示す．また，近代英語の例である (243) は，一般動詞が T, C に移動することを示している．そして，MP では，v が V に繰り上がる．このように，動詞が v, T, C に繰り上がるので，Nakajima (1991) に指摘されているように，これらの要素は動詞的 (verbal) であるという点で，共通の特徴を持つと言えよう．

(242)　a.　There is not a real crisis.
　　　　b.　Is there a real crisis?

　　　　c. I haven't any money.
　　　　d. Have you the tickets for the cricket match?
(243) a. He heard not that.
　　　　b. Saw you my master?　　　　　　(Radford 1997, 117)

さて，指示的な wh 句の移動では，(212) により，フェイズの主要部に EPP 素性と R 素性が付与される．同じく (212) に従えば，非指示的な wh 句の移動では，フェイズの主要部に EPP 素性と NR 素性が付与されることになる．また，探針(R 素性)の探査領域を (214) のように定義したが，本節では探針(NR 素性)の探査領域を，(241) に基づいて (244) のように定義したい．

(244) 探針(NR 素性)の探査領域は，核範疇に選択された範疇である．

ここで，(244) がどのように機能するか見てみよう．まず，(194)–(196) の各 (b) (= (245a–c))，および (198), (199) の各 (b) (= (245d, e)) を考えてみよう．

(245) a. *How do you believe that fixing the car t bothered him?
　　　　b. *How do you know the student that fixed it t?
　　　　c. *How did he leave before fixing the car t?
　　　　d. *How didn't you behave t?
　　　　e. *How do you regret that you fixed it t?

(245a–c) では，how の痕跡を含む主語，関係節，付加詞は，いかなる X^0 範疇によっても選択されないので，これらの要素は探針(NR 素性)の探査領域にはならない．また，(245d) では，vP は Neg によって選択された範疇であるが，Neg が核範疇ではないので，vP は当該の探針(NR 素性) の探査領域にはならない．さらに，(245e) では，regret を含む vP が探査領域にはならない．なぜなら，(246) のように，vP は核範疇ではない F によって選択された範疇であるからである．したがって，(245) の基底構造では，すべて wh 句が文頭の CP 指定部に繰り上げられないので，wh 句を文頭に移動した (245) の文は，すべて非文法的となる．

(246) [$_{CP}$ C [$_{TP}$ you [$_{FP}$ [$_{F'}$ F [$_{vP}$ [how, NR] [$_{v'}$ v [$_{VP}$ regret that you fixed t]]]]]]]

また，(244)は(239b)の非文法性も説明できる．なぜなら，この文の派生構造(247)では，howを含むCPが非核範疇のNによって選択された範疇であるので，それが探針(NR素性)の探査領域にならず，howを文頭まで移動できないからである．

(247) [$_{vP}$ John [$_{v'}$ [v, EPP, NR] [$_{VP}$ announce [$_{NP}$ a [$_{N'}$ plan [$_{CP}$ [how, NR] [$_{TP}$ to fix the car t]]]]]]]

ここで，(244)が予測することを見てみよう．(244)は，核範疇ではないX⁰範疇(N, A, P)によって選択される範疇から，非指示的なwh句は取り出せないと予測する．Nの例はすでに見たので，以下A, Pの例を見よう．

(248) *Why are you [$_{AP}$ certain [$_{CP}$ that John repaired it t]]?
(Manzini 1992, 116)

(249) a. *How were you counting [$_{PP}$ on [$_{TP}$ him behaving t in public]]?
b. *How strong do you look forward [$_{PP}$ to [$_{TP}$ drinking your coffee t]]? (Cinque 1990, 39)

(248)の埋め込み文のCPは，非核範疇であるcertainに選択された範疇であるので，主文CPの主要部に付与されたNR素性の探査領域にならない．また，(249)のTPは，非核範疇のon, toに選択された範疇であるので，当該の探針(NR素性)の探査領域にならない．したがって，howを文頭のCP指定部に繰り上げることはできない．

また，(244)は(250), (251)の非文法性も説明できる．

(250) *Why do you think that [$_{FP}$ only him [$_{F'}$ F [$_{TP}$ they would hire t]]]? (Manzini 1998, 203)

(251) a. *How$_2$ did John say that [$_{TP1}$ to Robin$_1$ [$_{TP2}$ she fixed t_1 t_2]]?
b. *How$_2$ did John say that [$_{PolP}$ to Robin$_1$ [$_{Pol'}$ Pol [$_{TP}$ she fixed t_1 t_2]]]?

(250), (251b) は，焦点の島の現象を示している．(244) が与えられると，(250), (251b) のTPは探針(NR素性)の探査領域にならない．なぜなら，TPは，非核範疇のF, Polによって選択された範疇だからである．また，(244) に従えば，(251a) では(X^0範疇によって選択されていない)TP_2が，探針(NR素性)の探査領域にならない．したがって，why, how はこれらの領域の外へ繰り上げられることはない．

最後に，(197b) (= (252)) について考えてみよう．

(252) *How_2 do you wonder [$_{CP}$ $what_1$ to fix t_1 t_2]?

2.3.3節で見たように，whの島，とくに，不定詞節を伴うwhの島から指示的なwh句を取り出すことには，問題がない．しかし，whの島から非指示的なwh句を取り出すことは，(252)のようにまったく不可能である．そこで，次の仮定をたてて，(252)の文法性を説明することにする．

(253) フェイズCPの不活性な主要部は，NR素性が付与されてはならない．

(253)を仮定すれば，(252)のようなhowの繰り上げはPICに違反する．また，(253)は，(254)のように，時制を含むwh島から非指示的wh句を取り出せない事実も，説明することができる．

(254) *How_2 do you wonder which $problem_1$ John could solve t_1 t_2?

以上，本節では，(i) wh句の素性(R / NR)がフェイズの主要部に付与され，(ii) 探針の探査領域はその素性によって決定され，(iii) 目標は探針のすべての探査領域内に存在していなければならないことを提案した．その結果，(194)–(196)の強い島と(197)–(199)の弱い島の現象だけでなく，話題化された話題化構文の構造が強い島を形成する事実や，A, N, Pの補部構造と(話題化された)焦点構造が弱い島を形成する事実も説明された．

第 3 章　項位置への移動

文の基本構造を規定する X′ 理論（X′-theory）を仮定すると，(1a) は (1b) の構造を持つ．

(1)　a.　John invited Mary.
　　b.

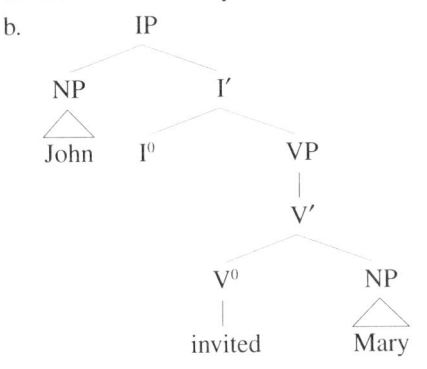

```
                IP
              /    \
            NP       I′
            △      /  \
           John   I⁰    VP
                        |
                        V′
                       /  \
                     V⁰    NP
                     |     △
                  invited Mary
```

構造 (1b) では，主語の John は IP 指定部を占め，目的語の Mary は V⁰ の補部を占める．このような主語や目的語が生じる位置を，項（argument）位置と言う．本章では，項位置のうちで，IP 指定部が移動操作の着地点となるさまざまな構文を検討し，項位置への移動の特徴について考察する．

3.1　受　動　文

まず，受動文を考えてみよう．受動文とは，対応する能動文における動詞の目的語が文の主語になり，能動文の主語が随意的に by 句として生じる文である．たとえば，(1a) の能動文に対応する受動文は次の文である．

(２) Mary was invited (by John).

本節では，受動文における目的語の IP 指定部への移動について述べる．

3.1.1 受動文の統語構造

受動文の統語的特徴は，動詞の意味上の目的語が文の主語になっている点にある．たとえば，(2) の受動文の Mary は，意味上は動詞 invite の目的語に対応するが，文の主語として機能している．Mary が持つこの二重の特性は，(3a) の基底構造から (3b) の構造を派生する NP 移動を仮定することにより捉えられる．

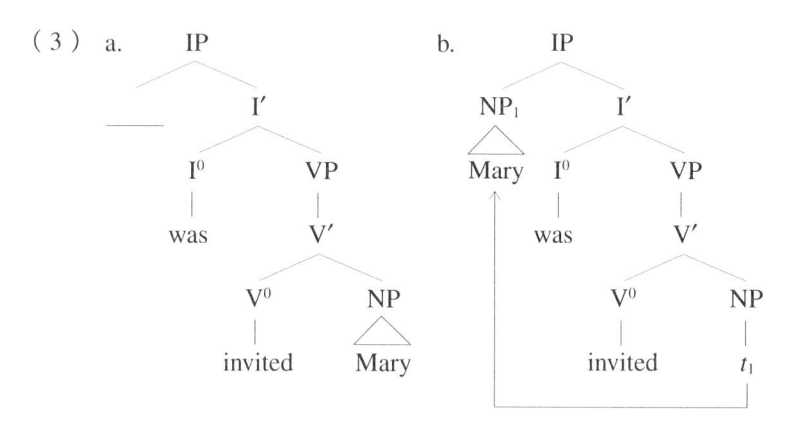

(３) a. 　　　　　　　　　　　　　　b.

[Tree diagram (3a): IP dominating empty specifier and I′; I′ dominates I^0 (was) and VP; VP dominates V′; V′ dominates V^0 (invited) and NP (Mary).]

[Tree diagram (3b): IP dominating NP_1 (Mary) and I′; I′ dominates I^0 (was) and VP; VP dominates V′; V′ dominates V^0 (invited) and NP (t_1); arrow from t_1 to NP_1.]

構造 (3a) では，Mary が invite の目的語として V^0 の補部に生じているので，この構造により，Mary が invite の目的語であることが示される．一方，(3b) では，Mary が IP 指定部に生じているので，この構造により，Mary が文の主語であることが示される．このように，(2) の受動文が (3a, b) の 2 つの構造を持つと仮定することにより，Mary が意味上は目的語であり，統語上は主語であるという二重性が説明される．Mary が移動した後には，Mary の痕跡 (trace: t) が残るが，この痕跡が Mary の元位置を明示している．

受動文 (2) に対して (3a) の基底構造と (3b) の派生構造を仮定した場合，次の 2 つの疑問が生じる．

(4) a. 基底構造 (3a) において, IP 指定部が空であるのはなぜか.
    b. V^0 の補部に基底生成された目的語が, IP 指定部に移動しなければいけないのはなぜか.

これら2つの問題を解くために, 動詞と結びついて受動分詞をつくる受動形態素 -en が, 次のような語彙特性を持つと仮定する (Chomsky 1981; Jaeggli 1986; Baker, Johnson and Roberts 1989).

(5) a. 受動形態素は, 動詞が IP 指定部に与える意味役割 (θ-role) を吸収する.
    b. 受動形態素は, 動詞が目的語に与える格を吸収する.

たとえば, 受動形態素が他動詞 invite に付加されると, 動詞の語彙特性が次のように変化する.

(6)　invite　　　　　　→　invited
　　［動作主, 被動作主］　　［＿＿＿, 被動作主］
　　格付与能力あり　　　　　格付与能力なし

[ ] 内の要素は, 動詞がどのような意味役割を付与するかを示し, 下線部は, 動詞が IP 指定部に付与する意味役割を示している. 他動詞 invite は, IP 指定部に動作主 (agent) の意味役割を付与し, V^0 の補部に被動作主 (patient) の意味役割を付与する. 動詞が付与する意味役割のうちで, IP 指定部に付与されるものを外項 (external argument), V^0 の補部に付与されるものを内項 (internal argument) と呼ぶ. また, 動作主は, 動詞によって表される行為をする人を表し, 被動作主は, その行為の影響を受けるものや人を表す. 一方, このような語彙特性を持つ invite に受動形態素 -en が付加された受動分詞 invited では, -en により, IP 指定部に付与される動作主の意味役割が吸収される. その結果, 受動分詞 invited は IP 指定部に意味役割を付与せず, その位置に名詞句が生じることはない. したがって, 受動文の基底構造 (3a) の IP 指定部は空になる. これが, (4a) の問題に対する答えである.

　この分析によると, 主語を示す by 句が文中に現れている場合, 動詞が

by 句に対して意味役割を直接付与するのではなく，動詞から意味役割を吸収した受動形態素が by 句を認可すると考えられる．この考えは，次の文から支持される．

（ 7 ） a. They decreased the price [to help the poor].
b. The price was decreased [to help the poor].
(Jaeggli 1986, 611)

文 (7a) では，主節動詞 decrease の動作主 they が，目的節の不定詞節内の動詞 help の意味上の主語として解釈される．一方，(7b) では，(7a) の they に対応する名詞句が by 句によって表現されていないにもかかわらず，help の意味上の主語は主節動詞の動作主であると解釈される．(7b) の解釈は，受動文における by 句が動作主を意味するのではなく，受動形態素自体が動作主の意味役割を担っていることを示している．さらに，次の文を見よう．

（ 8 ） a. They decreased the price willingly.
b. The price was decreased willingly. (Jaeggli 1986, 611)

副詞 willingly は，文中に動作主が存在する文のみに生じ，(8a) の場合，they が他動詞 decrease の動作主である．一方，by 句を伴わない (8b) においても willingly が生起できる．この事実は，受動形態素が動作主の意味役割を担っていることを示す．

次に，(4b) の問題に移ろう．生成文法では，格 (Case) という概念を用いて，名詞句の分布を規定する格理論を仮定している (Chomsky 1981)．この理論の中心的原理は，格付与に課せられる次の適格性条件である．

（ 9 ） 格フィルター (Case Filter)： 音声形式を持つ名詞句は，格を持たなければならない．

能動文 (1) では，主語の John は I^0 から主格 (Nominative Case) が付与され，目的語の Mary は動詞 V^0 から対格 (Accusative Case) が付与される．したがって，この文の John も Mary も格フィルターを満たしてい

る．これに対して，受動文の基底構造 (3a) の場合，動詞が本来持つ対格は，受動形態素 -en に吸収されている．その結果，Mary が動詞の補部に留まるかぎり，Mary には動詞から対格が付与されず，格フィルターに違反する．この問題を解決する最後の手段として，Mary は空の IP 指定部に移動し，その位置で I^0 から主格を付与される．このことを条件として表すと，次のようになる．

(10) 移動の理由： 名詞は，格が与えられていない時にのみ，格を求めて移動する． (Chomsky 1986b)

このように，受動文では，目的語が格を付与されるために主語位置に移動する．これが (4b) の問いに対する答えである．

一方，補文をとる動詞の受動文では，that 補文が IP 指定部に移動する必要はない．

(11) It is said / believed / held [that she slipped arsenic in his tea].

この文の that 節は名詞でないので，格を必要としない．したがって，I^0 から主格を付与されるために，that 節は IP 指定部に移動することはなく，動詞の補部にそのまま留まる．英語の場合，主語を表す名詞が必ず必要なので，主語位置には仮の主語の it が挿入される．その結果，(11) が派生する．

このように，目的語が主語位置に移動するという受動文の統語特性は，受動形態素 -en が動詞の持つ意味役割と対格を吸収すると仮定することにより説明される．この仮定によると，受動文の基底構造では，IP 指定部には意味役割は付与されず，その結果，この位置は空である．また，動詞の補部に存在する目的語には格が付与されないので，目的語は格を求めて，空の IP 指定部に義務的に移動する．

3.1.2 不定詞補文主語の受動化

次に，動詞の補部に不定詞節が生じている文を考えよう．

(12) a. We believe [Mary to be polite].

b.　We want [Mary to win].

これらの文は，動詞がその補部に命題（proposition）の意味役割を付与し，その命題が不定詞節によって表されている点において同じである．しかし，(12a) の不定詞補文主語 Mary は，受動化により主節の主語位置に移動できるが，(12b) の Mary は受動化の適用を受けない（Postal 1974）．

(13)　a.　$Mary_1$ is believed t_1 to be polite.
　　　b.　*$Mary_1$ is wanted t_1 to win.

この対比は，動詞の補部構造の違いに原因がある．動詞 believe はその補部に IP 節を選択するのに対し，動詞 want は CP 節を選択する．

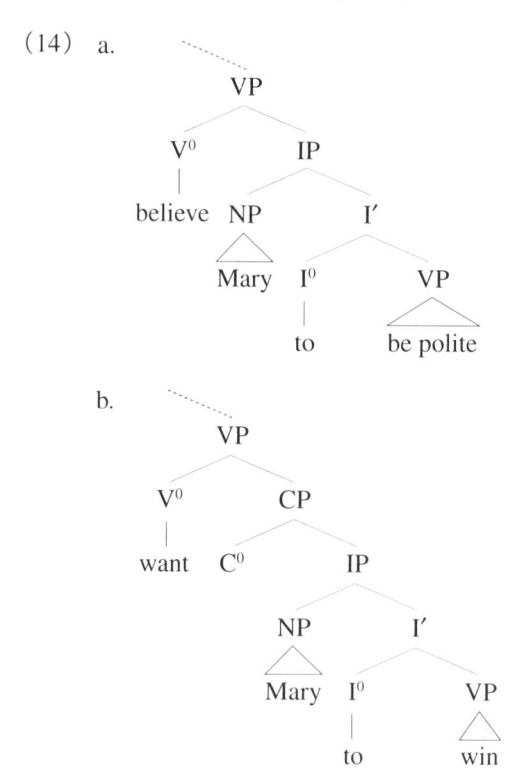

(14)　a.

```
              VP
          ／     ＼
        V⁰        IP
        │      ／  ＼
     believe  NP     I′
             △    ／  ＼
            Mary  I⁰    VP
                  │    △
                  to  be polite
```

　　　b.

```
              VP
          ／     ＼
        V⁰        CP
        │      ／  ＼
       want   C⁰    IP
                 ／  ＼
                NP    I′
                △  ／  ＼
              Mary I⁰   VP
                   │   △
                   to  win
```

この構造の違いは，次の対比から支持される．

(15)　a.　*We believe for Mary to be polite.
　　　b.　We want for Mary to win.

動詞 believe と不定詞補文主語 Mary との間には for が介在できないが，動詞 want の場合はできる．for は CP 主要部に生起すると仮定すると，believe の補部には CP が存在しないので，for は現れない．一方，want の補部には CP が存在するので，for が生起できる．また，(12b) の場合，基底構造の段階で CP 主要部に存在していた for が，派生構造において省略されたと考えられる．したがって，動詞 believe と want の補部構造は，それぞれ (14a, b) である．

次に，(14a, b) の構造を詳しく見よう．(14a) では，IP 主要部は時制を持たないので，その指定部の Mary に主格を付与できない．Mary に格付与できるのは，動詞 believe である．通常，動詞はその補部に位置する名詞句に対格を付与するが，(14a) の場合，動詞はその補部の IP 指定部に存在する名詞句に対格を付与する．このような格付与の仕方を，例外的格付与 (Exceptional Case Marking：ECM) と呼ぶ．一方，(14b) では，動詞 want よりも CP 主要部のほうが Mary により近い．そのため，Mary は，動詞 want ではなく，CP 主要部から格付与される．

以上の点をふまえて，(13a, b) の説明に移ろう．(13a) では，受動形態素が believe の対格を吸収するため，Mary は受動分詞 believed から格付与されない．その結果，時制を持つ主節の I^0 から主格を付与されるために，Mary は主節の IP 指定部へ移動する．一方，(13b) では，Mary は CP 主要部からすでに格付与されている．したがって，Mary は主節の IP 指定部へ格付与されるために移動する必要がなく，(10) の条件によると，そのような移動操作は許されない．その結果，(13b) は非文となる．

動詞 believe 以外に，不定詞節主語の受動化を許す動詞には，次のようなものがある．

(16)　a.　We proved John to be a liar.
　　　b.　John$_1$ was proved t_1 to be a liar.

(17) a. We expect John to be elected.
　　 b. John₁ is expected t_1 to be elected.
(18) a. We consider Mary to be the smartest.
　　 b. Mary₁ is considered t_1 to be the smartest.

一方，動詞 want のように，不定詞節主語の受動化を許さない動詞には次のようなものがある．

(19) a. We would like Mary to win.
　　 b. *Mary₁ would be liked t_1 to win.
(20) a. We would hate Mary to win.
　　 b. *Mary₁ would be hated t_1 to win.
(21) a. We would prefer Mary to be the candidate.
　　 b. *Mary₁ would be preferred t_1 to be the candidate.

このように，不定詞節主語の受動化の可能性は動詞により異なり，補部位置に IP 節を選択する動詞のみが受動化を許す．

3.1.3　擬似受動文

受動文の中には，動詞ではなく，前置詞の目的語が主語になる場合もある．

(22) a. Everyone talked about John.
　　 b. John was talked about by everyone.
(23) a. Everyone took advantage of Mary.
　　 b. Advantage was taken of Mary by everyone.
　　 c. Mary was taken advantage of by everyone.

(22b) では，動詞 talk ではなく，前置詞 about の目的語 John が主語になっている．また，(23c) では，動詞 take の直接目的語ではない Mary が受動文の主語になっている．これらの受動文は，擬似受動文（pseudo-passive）と呼ばれる．

擬似受動文に対して，動詞とそれに隣接する前置詞を結合し，1 つの複合動詞を形成する再分析（reanalysis）が提案されている（Chomsky 1973;

Hornstein and Weinberg 1981). この分析によると，(22b) の基底構造は，(24a) から (24b) の構造に再分析される．

(24) a. ＿ was [$_{VP}$ [$_V$ talked] [$_{PP}$ about John] by everyone]
　　 b. ＿ was [$_{VP}$ [$_V$ talked about] John by everyone]

構造 (24b) では，talk about は 1 つの動詞となり，前置詞 about が持つ格は，受動形態素に吸収される．その結果，John は前置詞から格を付与されない．したがって，John は IP 指定部に移動し，I^0 から主格を付与される．

次に，(23b, c) を考えよう．これら 2 つの文の基底構造は，(25) である．

(25) ＿ was [$_{VP}$ taken advantage of Mary by everyone]

この構造では，受動形態素が動詞の持つ対格を吸収するので，take はその目的語の advantage に対格を付与することができない．したがって，advantage は IP 指定部に移動し，I^0 から主格を付与される．その結果，(23b) の文が派生する．これに対して，(23c) の擬似受動文は，(25) の基底構造に taken advantage of を単一の動詞として再分析する規則が適用された，次の構造から派生する．

(26) ＿ was [$_{VP}$ [$_V$ taken advantage of] Mary by everyone]

この構造では，taken advantage of は 1 つの複合動詞となり，この複合動詞の持つ対格は受動形態素に吸収されるので，Mary には対格が付与されない．そこで，Mary は IP 指定部に移動し，(23c) の擬似受動文が派生する．

このように，動詞とそれに隣接する前置詞を結合し，1 つの複合動詞を形成する再分析を仮定することにより，前置詞の目的語が受動文の主語になる擬似受動文を説明できる．しかし，再分析の操作は，動詞と前置詞が存在すれば必ず適用されるというわけではなく，いくつかの条件を満たさなければならない．まず第一に，前置詞は，動詞の持つ意味と深く関連するものでなければならない．(22) の about は話す内容を示すので，動詞

talk と深い関連がある．動詞 talk と about の構造関係を樹形図で示すと，次のようになる．

(27)

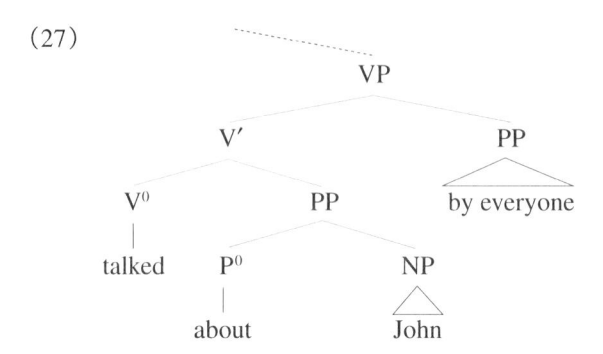

```
              VP
           /      \
          V'        PP
        /   \       △
       V⁰    PP   by everyone
       |    /  \
    talked P⁰   NP
           |    △
         about John
```

この構造では，about を主要部とする前置詞句は，動詞の補部に位置する．この場合，about と talk に対して再分析を適用することができる．これに対して，前置詞が時，継続，方向を表している場合，その目的語を受動文の主語にすることができない．

(28) a. *The first day of term was eloped on.
　　　b. *A couple of hours were read on.
　　　c. *The ladder was stepped up.　　(Huddleston 1971, 95)

これらの前置詞は，動詞の意味と直接関連しない付加詞（adjunct）である．たとえば，(28c) の構造は次のようになる．

(29)

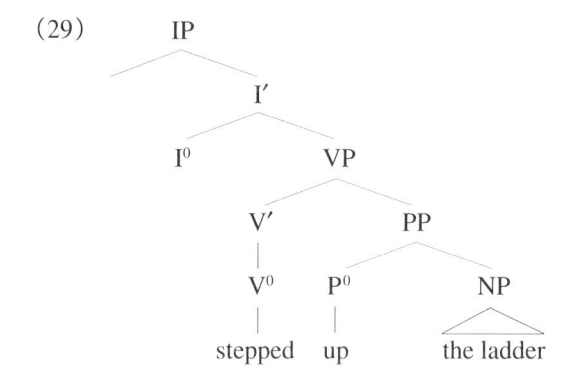

```
             IP
            /
           I'
          /  \
         I⁰   VP
             /  \
            V'   PP
            |   /  \
            V⁰ P⁰   NP
            |  |    △
        stepped up the ladder
```

この構造では，前置詞句は VP に直接支配され，V^0 の補部には存在しない．この場合，動詞と前置詞に対して再分析は適用されず，前置詞の目的語は受動文の主語になることはできない．

再分析に課せられる第二の条件は，隣接条件（adjacency condition）である．前置詞が動詞の意味と深い関連を持ち，動詞の補部に存在する場合でも，動詞と前置詞の間に副詞が介在すると，再分析は適用されない．

(30)　a.　*This chair has been sat carelessly on.
　　　b.　This chair has been sat on carelessly.（Hudson 1989, 22）
(31)　a.　*John was spoken angrily to.
　　　b.　John was spoken to.
　　　c.　They spoke to John.
　　　d.　They spoke angrily to John.　　（Chomsky 1981, 123）

さらに，再分析の適用には，意味的な要因も関連する．すなわち，場所を示す前置詞の目的語が受動文の主語になるためには，目的語が動詞の表す行為により何らかの影響が及ぼされている時に限られる（Huddleston 1971; Bolinger 1977）．

(32)　a.　The bed was slept in (by Napoleon).
　　　b.　*The village had been slept in.
　　　c.　The village, small as it was, had been slept in by no fewer than eight monarchs.　　（Huddleston 1971, 95–96）

文 (32a) で by 句が生じている場合，ナポレオンが寝たことがあるという意味で，そのベッドはある種の歴史的影響を受けたと考えられる．また，by 句が生じていない場合でも，誰かがそのベッドに寝たことにより，シーツ交換をしなければならないという意味で，そのベッドは影響を受けていると言える．(32b) の場合，誰かがその村で寝たことにより，その村に対して何らかの影響が与えられたと考えることは難しい．一方，(32c) の場合，ある種の名誉がその村に対して与えられたと解釈できる．

このように，再分析が適用されるためには，前置詞句が動詞の補部に位置し，両者が隣接していなければならない．また，場所を示す前置詞の目

的語が受動文の主語になるためには，その目的語が，動詞により表される行為によって何らかの影響を受けていなければならない．このような条件を満たす場合にかぎり，擬似受動文は可能である．

3.1.4　形容詞的受動文

　これまで取り上げた受動文においては，動詞(あるいは前置詞)の目的語が主語位置に移動することを述べたが，移動操作が関与しない受動文も存在する．

(33)　a.　Mary was very surprised.
　　　b.　John was / seemed worried by his illness.
　　　c.　This island was uninhabited by humans.
　　　　　　　　　　　　　　　　　　　　(Wasow 1977, 339)

これらの受動文における過去分詞は，形容詞として機能していることを示すいくつかの事実が存在する．第一に，(33a) の surprised は程度を表す副詞 very と共起しているが，very が修飾できるのは形容詞に限られる．

(34)　a.　John is very young.
　　　b.　*John very surprised Mary.

第二に，(33b) の worried は，be 動詞以外の連結的動詞（seem, sound, remain 等々）とも共起するが，これも形容詞の特徴である．

(35)　Mary seems young.

第三に，(33c) の uninhabited は inhabited に接頭辞 un- が付いた形であり，un- が付くのは形容詞に限られる．

(36)　a.　John is unhappy
　　　b.　*Humans uninhabited.

第四に，(33) の過去分詞は，名詞の前にも生起するが，これも形容詞の性質である．

(37)　a.　a surprised child

b. a worried look
   c. an uninhabited village

以上の点から，(33) の過去分詞は形容詞であると考えられる．このような受動文は形容詞的受動文 (adjectival passive) と呼ばれ，移動操作が関与する動詞的受動文 (verbal passive) とは区別されている (Wasow 1977).

　形容詞的受動文と動詞的受動文の違いを示す事実を見よう.

(38) a. John$_1$ is known [t_1 to be a communist].
　　 b. *John is unknown [to be a communist].

(Wasow 1977, 345)

文 (38a) が示すように，動詞的受動文では，動詞の補部に存在する不定詞節主語の受動化が可能である．一方，(38b) が示すように，形容詞的受動文の場合，このような受動化は許されない．この違いは，これら2つの受動文の派生の仕方に原因がある．動詞的受動文は，統語部門における移動操作により派生するので，受動動詞の直後にある名詞句ならば，動詞との意味関係がない名詞句でも受動化が可能である．一方，形容詞的受動文の場合，語彙部門における次のような語彙規則 (lexical rule) により派生する.

(39) [$_V$ know] → [$_A$ [$_V$ know] -ed]

この規則が適用された結果，動詞の意味構造も変化し，動詞の内項が外項となる.

(40) x know y → y known 　(Levin and Rappaport Hovav 1986)

したがって，形容詞的受動文の主語は，形容詞化された動詞の直接目的語にのみ対応し，(38b) のような受動文は許されない.

　このように，英語には，語彙部門で派生する形容詞的受動文と，統語部門で派生する動詞的受動文の2つが存在し，前者においては移動操作が関与しない.

3.1.5 受動文の機能上の特徴

最後に，受動文の機能的側面について述べておこう．受動文は，それに対応する能動文と知的に同義であるが，機能的観点から見ると，受動文が使われるにはそれなりの理由がある．Jespersen (1933, 120–121) は，受動文が使われる主な理由として，次の5つの場合をあげている．

第一に，能動文の主語が不明であるか，または容易に言及できない場合．

(41) a. Her father was killed in the Boer war.
b. The city is well supplied with water.
c. I was tempted to go on.
d. The murderer was caught yesterday, and it is believed that he will be hanged.
e. She came to the Derby not only to see, but just as much as to be seen.

第二に，文脈から能動文の主語が明らかな場合．

(42) a. He was elected Member of Parliament for Leeds.
b. She told me that her master had dismissed her. No reason had been assinged; no objection had been made to her conduct. She had been forbidden to appeal to her mistress, etc.

第三に，能動文の主語を示したくない特別な理由が存在する場合．とくに，書き言葉における1人称は，しばしば省略される傾向がある．

(43) Enough has been said here of a subject which will be treated more fully in a subsequent chapter.

第四に，能動文の主語よりも，受動文の主語のほうにより関心がある場合．

(44) a. The house was struck by lightning.
b. His son was run over by a motor car.

第五に，文と文のつながりをよくする場合．

(45) He rose to speak, and was listened to with enthusiasm by the great crowd present.

この最後の点は，英文構成上の原則の1つである「旧情報から新情報へ」という原則と関連がある．つまり，話者と聞き手の双方が了解している旧情報を文の主題として，それに新たな情報を加えるという原則である．次の用例を見よう．

(46) a. Just look at this book. It was talked about by Mary yesterday.
b. Just then John came in. He was accompanied by his father.

これらの文では，旧情報から新情報への流れに合うように，受動文が使われている．

3.1.6 ま と め
以上，本節では，受動文に関する以下の点を述べた．

① 動詞の持つ意味役割と格が受動形態素に吸収された結果，目的語が格を求めて空の主語位置に移動する．
② 補部位置に IP 節を選択する動詞のみが，不定詞節主語の受動化を許す．
③ 前置詞の目的語が受動化される場合には，動詞とそれに隣接する前置詞を結合し，1つの複合動詞を形成する再分析という操作が適用される．
④ 統語部門で派生する動詞的受動文と，語彙部門で派生する形容詞的受動文の2つの受動文が存在し，前者においてのみ移動操作が関与する．
⑤ 受動文の使用には機能的側面がある．

3.2 繰り上げ構文

次に，繰り上げ構文と呼ばれる文について考えよう．

(47) a. It seems that John is an excellent student.
b. John seems to be an excellent student.

文 (47a) では，動詞 seem の主語位置に仮主語 it が生じ，動詞の補部には that 節が生じている．一方，(47b) では，動詞の補部に不定詞節が生じており，その不定詞節の意味上の主語が，主節の主語に対応している．これら2つの文は，論理的意味内容が同じである．(47b) のような文を繰り上げ (raising) 構文と呼ぶ．この構文には，形容詞の certain, sure, 動詞の appear, turn out, seem, happen などの述語が現れる．本節では，繰り上げ構文では，名詞句が不定詞節の IP 指定部から，主節の IP 指定部に移動することを述べる．

3.2.1 繰り上げ構文の構造

繰り上げ述語は，その主語位置には意味役割を付与せず，補部の位置にのみ命題の意味役割を付与する．たとえば，動詞 seem の語彙特性は，[＿, 命題] であり，主語位置に意味役割を付与しない．したがって，(47a, b) の基底構造は，次のような構造である．

(48) a. ＿ seems [that John is an excellent student]
b. ＿ seems [John to be an excellent student]

この構造では，主節の主語位置は空である．

次に，(48a, b) における動詞 seem の補部の構造を考えよう．(48a) の that 節の構造は，次のようになる．

(49)
```
              VP
           /      \
          V⁰       CP
          |      /    \
        seems  C⁰      IP
               |     /    \
              that  NP     I'
                    |    /    \
                  John  I⁰     VP
                        |    /    \
                        is  an excellent student
```

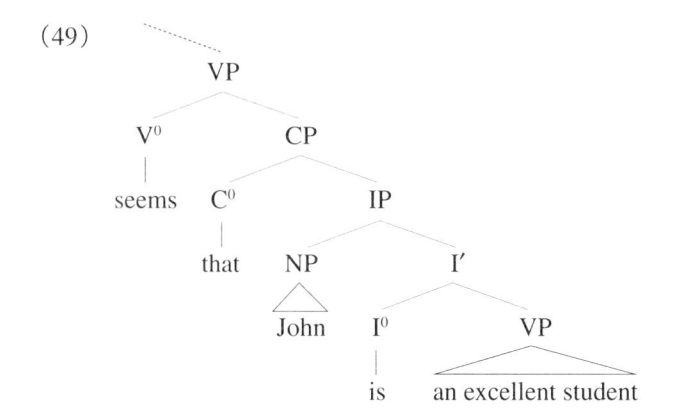

この構造では，John には I⁰ から主格が付与されるので，もはや移動する必要はない．その結果，主節の主語位置に it が挿入され，(47a) の文が得られる．これに対して，(48b) の不定詞内の構造は (50) である．

(50)
```
              VP
           /      \
          V⁰       IP
          |     /     \
        seems  NP      I'
               |     /    \
              John  I⁰     VP
                    |    /    \
                    to  be an excellent student
```

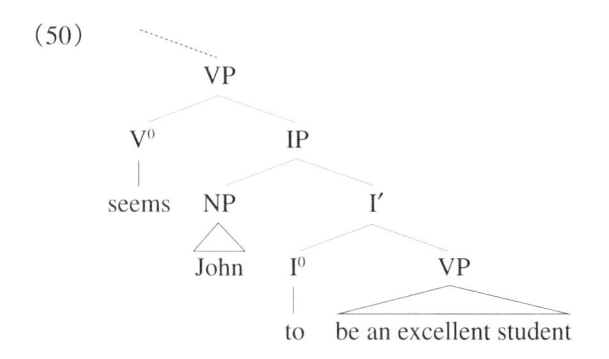

この構造では，IP 主要部の I⁰ は時制を持たないので，その指定部の John に主格を付与できない．また，seem は自動詞であり，John に対格を付与できない．その結果，John が IP 指定部に留まるかぎり，John は格付与されず，(9) の格フィルターに違反する．そこで，John は埋め込みの IP 指定部から，主節の IP 指定部に移動し，そこで時制を持つ I⁰ から主格を付与される．この移動の結果，次の構造が派生する．

(51)　[$_{IP}$ John$_1$ I⁰ [$_{VP}$ seems [$_{IP}$ t_1 to be an excellent student]]]

このように，動詞 seem の語彙特性により，(47a, b) の同義性と繰り上げ構文 (47b) の特徴が説明される．

3.2.2　繰り上げ構文の統語特性

前節で述べた繰り上げ構文の分析により，次の非文がどのように説明されるか考えよう．

(52)　a. *John seems.
　　　b. *It seems [Bill to have left].
　　　c. *John₁ seems that t_1 is an excellent student.

(52a) は，繰り上げ構文の to 不定詞節は義務的であり，省略できないことを示している．(52b) は，主語を伴う不定詞節は，動詞の補部に現れないことを示している．(52c) は，that 節の主語を繰り上げることができないことを示している．

まず，(52a) について考えよう．繰り上げ動詞 seem は，その主語位置に意味役割を付与しないので，(52a) の John はいかなる意味役割も持たない．その結果，この文は適切に解釈されず，非文となる．

次に，(52b) では，seem の主語位置に，虚辞の it が挿入されている．虚辞は意味役割を必要としない要素なので，解釈上は問題ない．しかし，Bill について見ると，不定詞の I^0 は時制を持たないので，その指定部の Bill に格を付与しない．また，seem は自動詞であり，Bill に対格も付与しない．その結果，Bill にはいかなる格も付与されず，(52b) は非文となる．

最後に，(52c) を考えよう．この文の基底構造は，(53) である．

(53)　__ seems [CP that [IP John is an excellent student]]

この構造では，埋め込みの IP 指定部の John は，時制を持つ I^0 から主格を付与される．その結果，格を得るための移動は必要なく，(52c) の移動は不必要な移動であり，この文は非文となる．このように，前節で述べた繰り上げ構文の分析は，(52) の非文を排除できる．

3.2.3 コントロール構文

次の文を考えよう．

(54) a. Mary tried to be a good girl.
b. John forgot to post this letter.
c. Tom remembered to lock the door.
d. Jim refused to marry her.

これらの文は，繰り上げ構文と同様に，「動詞 + to 不定詞節」の語順を持つが，繰り上げ構文とはいくつかの点において異なる性質を示す．第一に，繰り上げ構文の to 不定詞節は義務的であるが（⇒ (52a)），(54) の to 不定詞節は随意的である．

(55) John tried.
      forgot.
      remembered.
      refused. (Jacobson 1990, 438)

第二に，フランス語では，繰り上げ動詞と to 不定詞節の間に補文標識 de が生起できないが，(54) の動詞と to 不定詞の間には，de が現れる．

(56) a. Jean semble / paraît / se trouve / s'avère (*d') etre parti.
John seems / appears / happens / turn out C^0 be leave
"John seems / appears / happens / turns out to have left."
(Kayne 1981, 352)
b. Jean a   essayé / oublié de partir.
John has tried / forgot C^0 leave
"John tried / forgot to leave." (*ibid.*, 351)

以上の相違点から，(54a) の文は，繰り上げ構文とは異なり，次の構造を持つと考えられる．

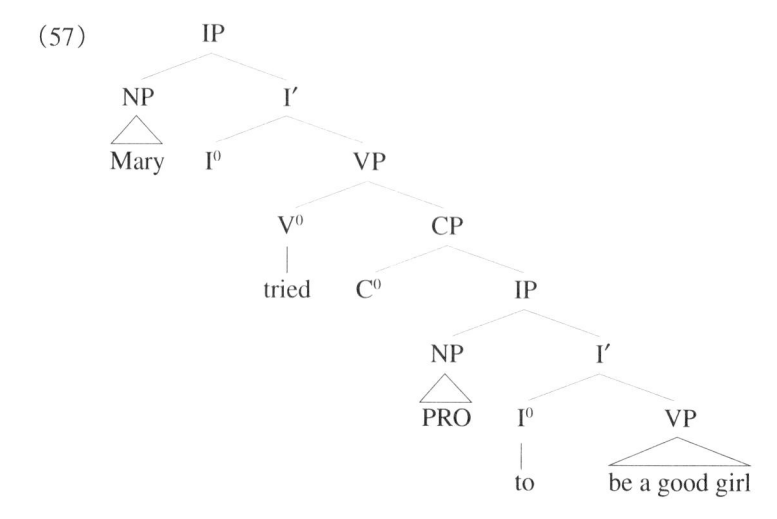

(57)
```
              IP
           /      \
         NP        I'
         /\      /    \
       Mary   I⁰      VP
                    /     \
                  V⁰       CP
                  |      /    \
                tried  C⁰      IP
                             /    \
                           NP      I'
                           /\    /    \
                         PRO   I⁰      VP
                               |      /\
                               to   be a good girl
```

　この構造では，主語の Mary は主節の IP 指定部に基底生成され，主節の動詞から意味役割を付与される．また，埋め込みの IP 指定部には，音声形式を持たない名詞表現 PRO が存在し，埋め込み動詞から意味役割を付与される．Mary は，PRO の先行詞として機能しており，埋め込みの不定詞節内から主節の IP 指定部に移動したわけではない．

　構造 (57) により，(55) と (56b) は次のように説明される．まず，(55) の主語は動詞から意味役割を直接付与されているので，不定詞節が存在する必要はない．その結果，不定詞節が省略されている (55) は文法的である．また，(56b) では，主節動詞の補部には CP が存在し，その主要部にフランス語の補文標識 de が生起できる．したがって，フランス語においては，主節動詞と不定詞節の間に de が現れる（ただし，英語の場合，C^0 は音声的に具現化されない）．

　音声形式を持たない PRO の先行詞を，コントローラー (controller) と呼び，(54) のような動詞をコントロール動詞と呼ぶ．繰り上げ動詞とコントロール動詞は，表面上は同じ語順を示すが，名詞句移動が関与するかどうかにおいて異なる．

3.2.4 まとめ

以上，本節では，繰り上げ述語の補部の不定詞節の主語が，繰り上げ述語の主語位置に移動するという分析を述べた．この分析により，(47a, b) の対応関係が捉えられ，さらに，(52) のような文が存在しないことが説明できる．また，繰り上げ構文と同じ語順を持つコントロール構文では，名詞句移動が関与しないことも述べた．

3.3 非対格動詞構文

次の2つの文を考えよう．

(58) a. The apples fell into the crates.
　　 b. The contestants swam under the bridge.

(58a) の自動詞 fall は非意図的な状態変化を表しているが，(58b) の自動詞 swim は意志的な行為を表している．(58a) の fall のような自動詞を，非対格動詞 (unaccusative verb) と呼び，(58b) の swim のような自動詞を，非能格動詞 (unergative verb) と呼ぶ．本節では，非能格動詞の主語は，IP 指定部に基底生成されるのに対し，非対格動詞の主語は，動詞の補部から IP 指定部へ移動することを述べる．

3.3.1 非対格動詞文の派生

非対格動詞と非能格動詞の語彙構造を示したのが，(59) である．

(59) a. fall : [＿＿＿, 主題]
　　 b. swim : [動作主, ＿＿＿]

非対格動詞 fall は，動詞の補部に主題 (theme) の意味役割を付与するのに対し，非能格動詞 swim は，IP 指定部に動作主の意味役割を付与する．したがって，(58a, b) の基底構造は，それぞれ (60a, b) である．

(60) a. [IP ＿ [I' I⁰ [VP fell the apples into the crates]]]
　　 b. [IP the contestants [I' I⁰ [VP swam under the bridge]]]

構造 (60b) では，動作主の意味役割を担った the contestants が，IP 主要

部から主格を付与される．一方，(60a) では，主題の意味役割を担った the apples は，自動詞である fall から対格を付与されない．その結果，IP 主要部から主格を付与されるために，the apples は IP 指定部へ移動する．

(61) [$_{IP}$ the apples$_1$ [$_{I'}$ I^0 [$_{VP}$ fell t_1 into the crates]]]

3.3.2　移動の証拠

非対格動詞構文に (61) の派生を仮定する，いくつかの証拠が存在する．第一の証拠は，擬似受動文に関するものである（Perlmutter and Postal 1984）．英語では，自動詞の直後に生起する前置詞の目的語を受動化する場合がある（⇒ 3.1.3）．しかし，すべての自動詞が擬似受動文に生起するわけではなく，非能格動詞は擬似受動文に生起するが，非対格動詞は生起できない．

(62) a. *The crates were fallen into by the apples.
　　　b. The bridge was swum under by the contestants.

この対比は，非能格動詞と非対格動詞の語彙構造の違いとして説明できる．非能格動詞 swim は IP 指定部に意味役割を付与するため，swim に付加された受動形態素 -en は，その意味役割を吸収することができる（⇒ (5a)）．その結果，(62b) の擬似受動文が許される．これに対して，非対格動詞 fall は IP 指定部に意味役割を付与しないので，fall に受動形態素を付加できず，(62a) の擬似受動文は許されない．

第二の証拠は，形容詞的受動文に関するものである（Levin and Rappaport Hovav 1986）．形容詞的受動は，対象物が変化した後の結果状態を示し，内項を付与する動詞にのみ適用する（⇒ 3.1.4）．その結果，内項を付与する非対格動詞は，形容詞的受動文に生起できるが，外項のみを付与する非能格動詞は，生起できない．

(63) a. a fallen apple
　　　b. *a swum contestant

したがって，非対格動詞と非能格動詞に (59) の語彙構造を仮定することは妥当であり，非対格動詞文では，名詞句が動詞の補部から IP 指定部に

移動していると考えられる．

第三の証拠は，結果構文（resultative construction）に関するものである（Simpson 1983; Levin and Rappaport Hovav 1995）．この構文は，ある動作の結果生じる状態変化を示す表現である．次の文を見よう．

(64) We painted the wall red.

この文は，「塗る」という動作が終了した結果，壁が赤くなるという状態が生じることを意味する．結果構文では，目的語の状態変化が表され，主語の状態変化を表すことはできない．

(65) *We painted the wall exhausted.

この文では，主語である我々が壁にペンキを塗って疲れ果てたということは意味しない．このように，結果構文では，述語は常に目的語と叙述関係を持ち，主語と叙述関係を持つことはない．この点をふまえて，(66)(=(58)) を考えよう．

(66) a. The apples fell into the crates.
b. The contestants swam under the bridge.

文 (66a) は，「リンゴが下に落ちた結果，籠の中にある」という意味であるのに対し，(66b) は，「競技者が泳いだ結果，橋の下にいる」という意味を持たない．(66b) には，「競技者が，橋の下で泳いだ」という意味しかない．言い換えると，(66a) の前置詞句 into the crates は the apples の結果述語であるのに対し，(66b) の前置詞句 under the bridge は，the contestants の結果述語ではない．この対比は，次のように説明できる．(66a) の the apples が，動詞の補部から IP 指定部に移動していると仮定すると，動詞の補部にある the apples の痕跡と前置詞句 into the crates は，叙述関係にあると考えられる．一方，(66b) の the contestants は IP 指定部に基底生成されるので，前置詞句 under the bridge と叙述関係にはない．したがって，(66a) の前置詞句は結果の解釈が可能だが，(66b) の前置詞句は不可能である．

このように，非対格動詞の主語が動詞の補部位置に基底生成されること

を示す証拠が存在する．したがって，非対格動詞の主語は，動詞の補部から IP 指定部に移動していると考えられる((61) の派生を支持するさらなる議論については，Perlmutter (1978), Burzio (1986), Levin and Rappaport Hovav (1995) 等々を参照).

最後に，fall と swim 以外の非対格動詞と非能格動詞の例をあげておこう (Perlmutter and Postal 1984; Hale and Keyser 1993; Levin and Rappaport Hovav 1995). fall 以外の非対格動詞の例としては，以下のようなものがある．

(67) a. The ice melted.
b. The boat sank.
c. The vase broke.
d. The door opened.
e. A new problem has arisen.
f. Tom appeared at five o'clock.
g. This kind of dog exists only in Japan.
h. Mary remained in the room.

これらは，物の状態変化や存在・出現を表す動詞である．これらのうち，状態変化を示す (67a–d) の動詞には，他動詞としての用法もある．

(68) a. The sun melted the ice.
b. The enemy sank the boat.
c. John broke the vase.
d. Mary opened the door.

一方，存在・出現を示す (67e–h) の動詞には，他動詞用法はない．このように，非対格動詞には自動詞専用の動詞と自他両用の動詞が存在し，両者を区別する場合，自他両用の動詞を能格動詞 (ergative verb) と呼ぶ(能格動詞における，自動詞用法と他動詞用法の関連については，Levin and Rappaport Hovav (1995)，影山 (1996)，丸田 (1998) 等々を参照).

これに対して，swim 以外の非能格動詞の例としては，次のようなものがある．

(69) a. Mary smiled happily.
　　 b. I danced in the hall.
　　 c. Tom ran for 3 hours.
　　 d. Tom works hard to catch up with the class.
　　 e. Mary sang to the piano for the children.
　　 f. Mother shopped for groceries.
　　 g. John wept over his misfortunes.
　　 h. He is coughing badly.
　　 i. I slept on in my room.

これらは，意図的な行為を表す動詞，または，人間の生理的現象を表す動詞である．

3.3.3 ま と め

以上，本節では，自動詞が意図的な行為を表す非能格動詞と状態変化を表す非対格動詞に区別されることを見た．また，非対格動詞構文においては，名詞句が動詞の補部から IP 指定部へ移動することを述べた．

3.4 中間動詞構文

次の文を考えよう．

(70) a. The wall paints easily.
　　 b. We paint the wall.

文 (70a) の自動詞構文の主語は，(70b) の他動詞構文の目的語に対応している．したがって，(70a) は (70b) の受動文とも考えられるが，形は能動文である．(70a) のような文を生成文法では，中間動詞構文 (middle verb construction) と呼ぶ．本節では，受動文と同様に，(70a) の the wall が動詞 paint の補部から IP 指定部へ移動していることを述べる．

3.4.1 中間動詞構文の派生

文 (70) に見られる自動詞構文と他動詞構文の対応関係は，他動詞から自動詞を派生させる次のような語彙規則により捉えられる．

(71) 他動詞 ［動作主,主題］ → 中間動詞 ［＿＿＿,（動作主),主題］
　　　　　　格付与能力あり　　　　　　　格付与能力なし

動詞 paint の他動詞用法の場合，IP 指定部と動詞の補部に，それぞれ動作主と主題の意味役割が付与される．一方，他動詞の paint に (71) の語彙規則が適用されると，動作主が内在化される．その結果，IP 指定部には動作主が付与されず，IP 指定部は空になり，次の基底構造が得られる．

(72) [$_{IP}$ ＿ [$_{VP}$ paints the wall] easily]

この構造では，(71) の語彙規則の結果，中間動詞は格付与できない．したがって，(72) の目的語は，格付与されるために IP 指定部に移動しなければならない．

(73) [$_{IP}$ the wall$_1$ [$_{VP}$ paints t_1] easily]

中間動詞構文の主語が動詞の補部から IP 指定部に移動していることを示す，経験的証拠が存在する．次の結果構文を見よう．

(74) The wall paints red easily.

結果構文では，目的語の状態変化が表され，主語の状態変化を表すことはできない (⇒ (65))．ところが，(74) の中間動詞構文では，動作の結果生じる主語と述語の間に叙述関係が認められ，「塗った結果，壁が簡単に赤くなる」という意味がある．この事実は，中間動詞構文の主語が，動詞の補部に基底生成され，その後 IP 指定部に移動すると仮定すると，自然に説明できる (Carrier and Randall 1992)．このように，中間動詞構文には名詞句移動が関与すると考えられる（中間動詞構文に移動を仮定するさらなる根拠については，Keyser and Roeper (1984), Stroik (1992) 等々を参照．また，移動を仮定しない分析については，Fagan (1988), Ackema and Schoorlemmer (1994) 等々を参照）．

3.4.2　中間動詞と非対格動詞の相違点

このように，中間動詞構文の派生として (73) を仮定できるが，この派

生は，前節で見た非対格動詞構文の派生と同じである（⇒ (61)）．両者とも に，名詞句が動詞の補部から IP 指定部に移動している．しかし，この 2 つの自動詞の間には，はっきりしたいくつかの相違点がある．中間動詞 paint と非対格動詞 sink を例にとり，両者の相違点を見よう．

　まず第一に，非対格動詞構文には動作主が含意されないが，中間動詞構文には動作主の存在が含意される（Fiengo 1980; Keyser and Roeper 1984; Hale and Keyser 1988; Fagan 1992）．この違いは，両者の語彙構造の違いとして説明できる．すなわち，非対格動詞は動作主を持たないが，中間動詞は内在化された動作主を持つ．

(75) 　a.　非対格動詞 sink： 　［＿＿＿，主題］
　　　b.　中間動詞 paint： 　［＿＿＿，(動作主)，主題］

動作主の有無は，all by oneself という修飾語句と共起できるかどうかで示される（Keyser and Roeper 1984）．

(76) 　a.　The boat sank all by itself.
　　　b.　*The wall paints easily all by itself.

文 (76a) は，動作主の存在を含意しない自発的な状態変化を意味するので，all by itself が生起できる．一方，(76b) では，"people in general" にパラフレーズできるような一般的な動作主が含意されているので，all by itself は現れることができない．

　ただし，中間動詞構文における動作主は，統語構造には現れず，いわば統語上不可視的である．このことは，動作主志向の副詞や目的を示す不定詞節の有無によって示される．3.1.1 節で見たように，これらの副詞や目的節は，統語上可視的な動作主を含む文にのみ現れる．受動文の場合，受動形態素 -en が統語上可視的な動作主であるので，これらの副詞や目的節は受動文と共起できる．一方，(71) の語彙規則適用の結果派生した中間動詞 paint の場合，動作主の存在は含意されているが，統語上可視的ではない．そのため，動作主志向の副詞や目的節は，paint を主動詞とする中間動詞構文には生起できない（Keyser and Roeper 1984）．

(77) a. *The wall paints easily voluntarily.
　　　b. *The wall paints easily to keep it beautiful.

　非対格動詞と中間動詞の第二の相違点は，時制とアスペクトに関するものである．一般的傾向として，中間動詞の時制は現在形に限られ，また，進行形にはならない (Keyser and Roeper 1984)．

(78) a. *The wall painted easily yesterday when John helped me.
　　　b. *The wall is painting easily at the moment.

これに対して，非対格動詞は，過去形や進行形でも用いられる．

(79) a. The boat sank, according to the newspaper.
　　　b. The boat is sinking.

　第三の相違点は，副詞句や法助動詞に関する違いである．中間動詞 paint は，非対格動詞とは異なり，原則として「難易」の意味を持つ副詞句や法助動詞と共起しなければならない (Keyser and Roeper 1984)．

(80) a. The wall paints *(easily / with no trouble).
　　　b. The wall just *(won't) paint.

　これら第二，第三の相違点は，中間動詞構文の機能的側面に関連する．この構文は，文の主語に対して有意義な特徴づけを行う文である（高見 1997）．過去形や進行形は，ある特定の出来事を表す文であり，主語の一般的特徴を述べた文ではない．たとえば，(78a) は，「昨日ジョンが手伝ってくれた時に，その壁にペンキが容易に塗れた」ことを述べているのであり，その壁の一般的特徴を述べていない．また，(80) において副詞句や法助動詞が存在しない場合，動詞だけでは主語の特徴づけを行うことができない．たとえば，(80a) で，「その壁はペンキが塗れる」と言っても，壁は本来ペンキが塗れるものであり，「その壁」に対する有意義な特徴づけを何ら行っていない．このように，中間動詞 paint は主語の特徴づけを行うが，非対格動詞 sink は行わない．以上の点から，両者は異なるクラスの動詞であると考えられる．

　最後に，paint 以外の中間動詞の代表例をあげておこう．

(81) a. Chickens kill easily. （Keyser and Roeper 1984, 384）
b. Government officials bribe easily.
c. The steaks cut like butter.
d. This fabric launders nicely. （Fagan 1992, 65）
e. These weeds pull out easily.

これらの動詞は，状態変化や位置変化を含意し，動詞の表す行為が主語に影響を与えている．一方，状態動詞や心理活動を表す動詞は，中間動詞にはなれない．

(82) a. *This sort of fact knows easily.
b. *Mary believes easily.
c. *The people like easily.
d. *German learns easily. （Fagan 1992, 258）
e. *The traffic jam avoids easily. （Tenny 1992, 9）

これらの文では，主語が動詞の示す行為の影響を受けていない．したがって，動詞の表す行為が主語に影響を与えるかどうかという被動性条件（Affectedness Condition）が，中間動詞構文に生起する動詞のクラスを決定していると考えられる（Roberts (1987)．また，動詞のアスペクトが中間動詞構文の適格性を決定すると仮定する分析については，Fagan (1992) を参照）．

3.4.3　ま　と　め

本節では，中間動詞構文の主語が，動詞の補部から IP 指定部へ移動することを述べた．また，中間動詞と非対格動詞は異なる特徴を示し，両者は区別されることも見た．さらに，中間動詞構文に生起する動詞のクラスは，被動性条件によって制限されることを述べた．

3.5　動詞句内主語仮説

これまでの議論では，主語は IP 指定部に基底生成されるのに対し，目的語は動詞句内に基底生成されると仮定してきた．この仮定によると，動

詞は，その補部と IP 指定部にある名詞句に対して，それぞれ意味役割を付与する．

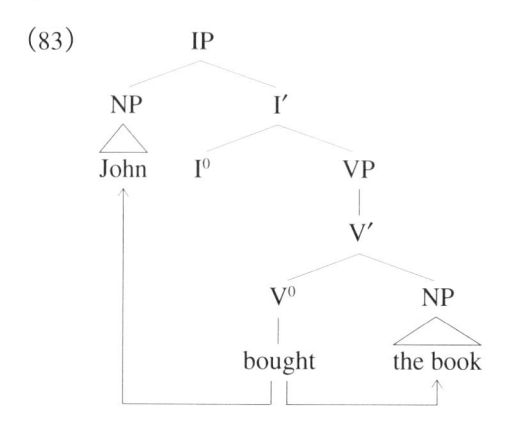

(83)
```
           IP
          /  \
        NP    I'
        /\   /  \
      John  I⁰   VP
                  |
                  V'
                 /  \
               V⁰    NP
                |    /\
             bought the book
```

これに対して，目的語と同様に，主語もまた動詞句内に基底生成されると仮定する，動詞句内主語仮説（VP-internal Subject Hypothesis）が提案されている（Fukui and Speas 1986; Kitagawa 1986; Kuroda 1988; Koopman and Sportiche 1991; etc.）．この仮説によると，他動詞構文の基底構造は (84) である．

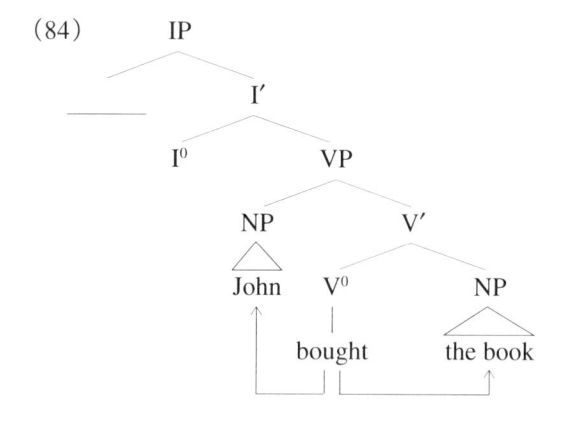

(84)
```
              IP
             /  \
           ___   I'
                /  \
              I⁰    VP
                   /  \
                 NP    V'
                 /\   /  \
               John V⁰   NP
                     |   /\
                  bought the book
```

この構造では，動詞 bought が，VP 指定部の John と V⁰ の補部の the book に対して，それぞれ意味役割を付与する．この場合，VP 指定部に

基底生成された John には，格が付与されない．そのため，I^0 から主格を付与されるために，John は空の IP 指定部に移動する．

動詞句内主語仮説のもとでは，主語と目的語への意味役割の付与が，動詞の最大投射（maximal projection）である VP 内において統一的に行われることになり，意味役割の付与のメカニズムが簡素化されるという，理論上の利点がある．本節では，この仮説を支持するさらなる経験的証拠を述べる．

3.5.1 等位構造制約効果の消失

動詞句内主語仮説を支持する第一の証拠は，等位構造制約（Coordinate Structure Constraint : CSC）に関するものである（Burton and Grimshaw 1992; McNally 1992）．CSC によると，等位構造を形成する 1 つの等位項のなかに含まれる要素は，その外へ移動できない．しかし，等位構造を形成するすべての等位項のなかの要素に，平行的に移動操作を適用することはできる（⇒ 2.2.2）．

(85) a. *Who$_1$ do you think [$_{IP}$ Mary likes t_1] and [$_{IP}$ John hates Bill]？
　　b. Who$_1$ do you think [$_{IP}$ Mary likes t_1] and [$_{IP}$ John hates t_1]？

文 (85a) では，接続詞 and により 2 つの IP が結ばれており，最初の IP 内の目的語だけが WH 移動している．この移動操作は CSC に違反するので，(85a) は非文である．一方 (85b) では，等位構造をなす 2 つの IP 内の目的語が，平行的に WH 移動している．この移動操作は CSC に違反せず，(85b) は文法的である．以上の点をふまえて，次の文を考えよう．

(86) John will [$_{VP}$ write a book] and [$_{VP}$ be awarded a prize for it].

この文では，2 つの VP が等位構造を形成し，後者の VP 内の動詞は受動動詞である．したがって，主語の John は受動動詞 awarded の補部から，IP 指定部へ移動している．前者の VP 内の要素は移動していないと仮定すると，(86) は CSC に違反すると予測される．しかしながら，CSC の

効果は見られず，(86) は文法的である．この問題は，動詞句内主語仮説によって解決される．この仮説のもとでは，主語は VP 指定部に基底生成され，IP 指定部へ移動する．したがって，(86) の構造は (87) である．

(87) John$_1$ will [$_{VP}$ t_1 write a book] and [$_{VP}$ be awarded t_1 a prize for it].

この構造では，等位構造をなす 2 つの VP 内部から John が移動しているので，CSC に違反しない．このように，動詞句内主語仮説を仮定することにより，(86) における CSC 効果の消失が説明できる．

3.5.2 動詞句前置と束縛原理

動詞句内主語仮説は，次のような言語現象からも経験的に支持される (Huang 1993)．

(88) a. Which pictures of himself did John think Mary saw t?
b. *Criticize himself, John thinks Mary would not t.
(89) a. Which friends of each other did they say that I should talk to t?
b. *Talk to friends of each other, they said I should not t.

(Huang 1993, 107)

再帰代名詞 (reflexive) の himself や相互代名詞 (reciprocal) の each other は，照応形 (anaphor) であり，義務的に先行詞を必要とする名詞類である．これらは，束縛原理 (A) (binding principle (A)) に従い，最も近くの項位置にある名詞句を先行詞としなければならない．以上の点を考慮し，(88a, b) を考えよう．(88a) では，wh 句である which pictures of himself が移動している．wh 句は埋め込みの CP 指定部を経由して，主節の CP 指定部に移動するので，この文の派生は次のようになる (⇒ 2.2.3)．

(90) a. [$_{CP}$ C^0 [$_{IP}$ John think [$_{CP}$ C^0 [$_{IP}$ Mary saw [which pictures of himself]]]]]
b. [$_{CP}$ C^0 [$_{IP}$ John think [$_{CP}$ [which pictures of himself]$_1$ C^0 [$_{IP}$ mary saw t_1]]]]

c. [CP [which pictures of himself]₁ C⁰ [IP John think [CP t₁′ C⁰ [IP Mary saw t₁]]]]

構造 (90a) では，wh 句が動詞 saw の補部にある．この位置から最も近い項位置にある名詞句は，埋め込みの主語の Mary である．しかし，性が違うので，himself は Mary を先行詞にできない．wh 句が埋め込みの CP 指定部に移動すると，(90b) が派生する．この構造では，himself に最も近い項位置にある名詞句は，主節主語の John である．(90b) の派生の段階で束縛原理 (A) が適用されると仮定すると (Belletti and Rizzi 1989)，himself の先行詞が John であることが保証される．

次に，動詞句が前置されている (88b) を考えよう．前置される動詞句もまた，埋め込みの CP 指定部を経由して，主節の CP 指定部に移動すると仮定した場合，この文の派生は次のようになる．

(91) a. [CP C⁰ [IP John think [CP C⁰ [IP Mary would not [VP criticize himself]]]]]
b. [CP C⁰ [IP John think [CP [VP criticize himself]₁ C⁰ [IP Mary would not t₁]]]]
c. [CP [VP criticize himself]₁ C⁰ [IP John think [CP t₁′ C⁰ [IP Mary would not t₁]]]]

束縛原理 (A) を (91b) に適用すると，himself の先行詞は主節主語の John になるはずである．しかし，この予測に反し，John は himself の先行詞にはなれない．なぜ，WH 移動とは異なり，動詞句前置では，動詞句に含まれている目的語の himself は，主節主語を先行詞にできないのだろうか．この問題は，動詞句内主語仮説により解決できる．動詞句内主語仮説によれば，動詞句 VP には，IP 指定部に移動した主語の痕跡が必ず含まれている．(88b) の場合，前置される VP の内部には，埋め込み文の主語である Mary の痕跡が含まれている．そのため，(91) の派生のすべての段階において，himself にとって最も近い項位置の名詞句は，Mary の痕跡である．痕跡も照応形の先行詞として機能すると仮定すると，束縛原理 (A) は，himself の先行詞を Mary としてしまう．しかし，両者は性が一

致しないので，非文となる．このように，動詞句内主語仮説により，(88a)と(88b)の対比が説明される(同様の議論が(89)についても成立する)．

3.5.3 まとめ

以上，本節では，動詞句内主語仮説が，CSC 効果の消失と照応形を含む動詞句前置現象から，経験的に支持されることを述べた．この仮説が正しいとすると，主語は IP 指定部に基底生成されるのではなく，VP 指定部に基底生成され，IP 指定部に移動する．

3.6 項位置への移動に課せられる制約

本章の最後に，IP 指定部への名詞句移動の特徴を整理し，これらの特徴が生成文法において仮定されている一般原理によって，どのように説明されるのかをまとめておこう．

3.6.1 θ 基準と格フィルター

IP 指定部への名詞句移動の特徴は，以下のようにまとめられる．

(92) a. 名詞句は，意味役割が与えられる位置から，意味役割が与えられない位置へ移動する．
b. 名詞句は，格付与されない位置から，格付与される位置へ移動する．

この特徴を図示したのが，(93)である．

(93) $[_{IP}$ NP $[_{I'}$ I^0 $[_{VP}$……………………t_{NP}………]]]
　　　　↑　　　　　　　　　　　　　　　　↑
　　格付与される位置　　　　　　　格付与されない位置
　　意味役割が与えられない位置　　意味役割が与えられる位置

これらの諸特徴は，生成文法においては，θ 基準（θ-criterion）と格フィルターにより説明される．まず，(92a)から見よう．この特徴は，θ 基準の帰結として説明される．θ 基準とは，意味役割とそれが付与される項と

の間の関係を規定する条件である．

(94) θ基準： 各項はただ1つの意味役割を持ち，各意味役割はただ1つの項に付与される．

この条件は，項と意味役割の間に，必ず1対1の対応関係が存在することを要求する．θ基準により，1つの項に2つ以上の意味役割が付与されることはない．項は，基底構造において意味役割が与えられる位置に生じるので，項が移動する場合，移動先は必ず意味役割が与えられない位置に限られる．したがって，項である名詞句は，意味役割が与えられる位置から意味役割が与えられない位置に移動する．

次に，(92b) に移ろう．この特徴は，(9) の格フィルターにより説明される．格フィルターによると，音声形式を持つ名詞は格を必要とする．ある位置に現れた名詞がどの要素からも格付与されない場合，格フィルターに違反する．したがって，格付与される位置に義務的に移動しなければならない．また，名詞がその位置ですでに格付与されている場合，移動する必要がなく，移動は阻止される．したがって，名詞は格付与されない位置から格付与される位置に，義務的に移動することになる．

このように，項位置である IP 指定部への名詞句移動の特徴は，θ基準と格フィルターの一般的諸原理により説明される．

3.6.2　最小連結条件と連続的循環移動

前節では，θ基準と格フィルターにより，名詞句の移動先は IP 指定部に限られることを見た．しかしながら，どの IP 指定部でもよいわけではなく，最も近い位置にある IP 指定部でなければならない．次の文を見よう．

(95) *John$_1$ seems [$_{CP}$ that [$_{IP}$ it is told t_1 that Mary had disappeared]].

この文では，John が，埋め込みの that 節の受動分詞 told の補部位置から，主節の主語位置に移動しているが，このような移動は，非局所的繰り上げ (super-raising) と呼ばれ，許されない移動である．John が移動する

前の構造は，次のようになっている．

(96) ___ seems [$_{CP}$ that [$_{IP}$ it is told John that Mary had disappeared]]

この構造では，John は told から対格を付与されないので，移動しなければならない．埋め込みの IP 指定部には仮主語の it が存在するため，John はその位置に移動できない．このほかに格付与される位置は，主節の主語位置である．したがって，John は埋め込みの主語位置にある it を飛び越えて，主節の主語位置に移動するが，この移動は許されない．このような移動を排除する条件として，次のような条件が提案されている（Rizzi 1990; Chomsky and Lasnik 1993）（⇒ 1.2）．

(97) 最小連結条件(Minimal Link Condition: MLC)： ある要素が移動する場合，元位置から移動可能な最も近い位置に移動しなければならない．

名詞句の移動先は，θ 基準と格フィルターにより，IP 指定部に限られる．MLC によると，名詞句が移動する場合，元位置から最も近い IP 指定部に移動しなければならない．(96) では，John の元位置から最も近い IP 指定部は，埋め込みの主語位置である．したがって，John は，埋め込みの IP 指定部に移動しなければならない．しかし，埋め込みの主語位置は，it によりすでに占められている．その結果，(96) における John は埋め込みの IP 指定部に移動できず，主節の IP 指定部へ移動するが，この移動は MLC に違反する．したがって，(95) は非文となる．

MLC を念頭において，次の文を考えよう．

(98) John seems to have been invited.

この文の基底構造は (99) である．

(99) [$_{IP}$ ___ seems [$_{IP}$ ___ to have been invited John]]

この構造では，John が invited から格付与されることはない．したがって，格付与される位置，つまり，主節の IP 指定部に移動する必要がある．MLC によると，John は一足飛びに主節の主語位置に移動するのではな

く，(100) に示すように，埋め込みの不定詞節の主語位置を必ず経由して移動しなければならない．

(100) [$_{IP}$ John$_1$ seems [$_{IP}$ t_1 to have been invited t_1]]

このような，深く埋め込まれた節から次の節へと連続的に行われる移動を，連続的循環移動 (successive cyclic movement) と呼ぶ．

3.6.3 PRO とゼロ格

次の文を考えよう．

(101) *[$_{IP}$ John$_1$ was tried [$_{CP}$ C^0 [$_{IP}$ t_1 to [$_{VP}$ t_1 win]]]]

この派生における John は，埋め込みの VP 指定部で動詞 win から意味役割を付与され，主節の主語位置で格付与される．また，(97) の MLC に従い，埋め込みの不定詞節の主語位置を経由している．その結果，(101) の移動操作は合法的であるはずだが，このような移動は許されない．

この問題を考える前に，動詞 try の補文構造について説明しておこう．動詞 try はコントロール動詞であり，その補文内には PRO が存在する (⇒ 3.2.3)．PRO の先行詞は try の主語であるが，PRO 自身は埋め込みの動詞から意味役割を付与される．したがって，動詞句内主語仮説を仮定すると，PRO は埋め込みの VP 指定部に基底生成される．

(102) [$_{IP}$ John tried [$_{CP}$ C^0 [$_{IP}$ to [$_{VP}$ PRO [$_{v'}$ win]]]]]

PRO は名詞句なので，他の名詞句と同様に，格を持つと考えられる．ただし，他の名詞句とは異なり，PRO は音声的に具現化されない抽象的なゼロ格 (Null Case) を持つ (Chomsky and Lasnik 1993)．(102) において，PRO にゼロ格を付与するのは to が位置する埋め込みの主要部 I^0 であり，PRO は I^0 からゼロ格を付与されるために，埋め込みの IP 指定部へ移動しなければならない．

(103) [$_{IP}$ John tried [$_{CP}$ C^0 [$_{IP}$ PRO$_1$ to [$_{VP}$ t_1 [$_{v'}$ win]]]]]

このように，コントロール構文の埋め込みの主要部 I^0 は，PRO にゼロ

格を付与する．一方，繰り上げ構文や ECM 構文の埋め込みの主要部 I^0 は，ゼロ格を付与しない．ゼロ格の付与に関するこの違いは，埋め込みの主要部 I^0 の時制解釈の違いに関連する (Martin 2001)．繰り上げ構文や ECM 構文の場合，不定詞補文の時制は，主節動詞の時制と同時の解釈を持つ．一方，コントロール構文の場合，不定詞補文が示す出来事は，主節動詞が示す時制の時点では実現されていない (Stowell 1982)．

(104) a. John seemed to me to be a good boy.
       b. Mary believed John to be a good boy.
       c. John tried to be a good boy.

文 (104a) では，「ジョンが良い少年である」ことと「私にはそう見えた」という 2 つの出来事が同時の解釈を持つ．また，(104b) においても，「ジョンが良い少年である」ことと「メアリーがそう信じた」ことは同時である．しかしながら，(104c) では，「ジョンが良い少年である」ことは「ジョンがそうあろうと試みる」時点では未だ実現していない．このように，繰り上げ構文や ECM 構文の不定詞節と，コントロール構文の不定詞節とでは，異なる時制解釈を持つ．したがって，両者は異なる不定詞であり，コントロール構文の埋め込みの主要部 I^0 はゼロ格を付与するが，繰り上げ構文や ECM 構文の I^0 は付与しないと考えられる（ゼロ格の認可の違いが補文標識 C^0 の有無に関連するという分析については，Watanabe (1996) を参照）．

以上の点をふまえて，(105) の派生を考えよう．

(105) *[$_{IP}$ John$_1$ was tried [$_{CP}$ C^0 [$_{IP}$ t_1 to [$_{VP}$ t_1 win]]]]

音声形式を持つ名詞句 John には，主節の主要部 I^0 の主格が付与されるが，埋め込み節の不定詞節の主要部 I^0 のゼロ格は，付与されない．また，この派生においては，ゼロ格が付与される PRO が存在しない．その結果，主要部 I^0 のゼロ格が付与されないまま残ることになり，(105) は非文となる．このように，コントロール構文の不定詞補文からの名詞句移動は許されない．

3.6.4 ま と め

　以上，本節では，θ 基準と格フィルターにより，名詞句は，意味役割が付与されるが格付与されない位置から，意味役割が付与されず格付与される位置に移動することを述べた．また MLC により，最も近い IP 指定部を必ず経由しなければならないことも見た．さらに，コントロール構文の埋め込みの主要部 I^0 がゼロ格を付与すると仮定することにより，コントロール動詞の不定詞補文からの名詞句移動は許されないことも述べた．

第4章 主要部移動

　これまでは，wh 句や名詞句の移動現象について見てきたが，これらはすべて最大投射範疇の移動である．しかしながら，移動する要素は，最大投射範疇に限られるわけではなく，主要部もまた移動操作の対象となる．本章では，主要部移動の諸相について述べることにしよう．

4.1　主語・助動詞倒置

次の文を見よう．

（1）　a.　Harry can swim.
　　　b.　Can Harry swim?

(1b) は (1a) に基づく yes / no 疑問文であるが，法助動詞 can が移動している．このような語順の変化を，主語・助動詞倒置（Subject-Auxiliary Inversion : SAI）と呼ぶ．SAI を受ける要素は，法助動詞以外に，完了形の have，受身形や進行形の be である．

（2）　a.　Has Mary read the book?
　　　b.　Is Bill sleeping?
　　　c.　Was Louis invited by Mary?

また，SAI は，yes / no 疑問文以外に，wh 疑問文や，否定要素あるいは only が文頭に生じる文にも見られる．

（3）　a.　Who can John meet later?
　　　b.　Under no circumstances will the university change its ruling.

c. Only on weekends could I see those students.

本節では，これらの SAI 現象を，主要部 I^0 が主要部 C^0 へ移動している主要部移動と分析することにより説明する．

4.1.1　主語・助動詞倒置の特徴

　SAI の具体的な分析を述べる前に，SAI 現象の主な特徴についてまとめておこう．第一に，法助動詞，完了形の have, 受身形や進行形の be などの複数の助動詞が共起した場合，必ず先頭の要素が SAI を受ける．

(4) a. Mary will have been working on the project.
　　 b. Will Mary have been working on the project?
　　 c. *Have Mary will been working on the project?
　　 d. *Been Mary will have working on the project?
(5) a. Mary has been working on the project.
　　 b. Has Mary been working on the project?
　　 c. *Been Mary has working on the project?

文 (4a) が示すように，will–have–been が基底語順であり，先頭の will が SAI を受けた (4b) は文法的であるが，それ以外の have や been が SAI を受けた (4c) や (4d) は非文である．同様に，(5) では，先頭の has が SAI を受け，第 2 要素の been は SAI を受けない．

　第二に，本動詞 be は SAI を受けるが，それ以外の本動詞は SAI を受けない．be 動詞以外の本動詞の場合，支え語 do が屈折要素を伴った形で主語の前に現れる．

(6) a. She was at the station.
　　 b. Was she at the station?
(7) a. He is the teacher.
　　 b. Is he the teacher?
(8) a. The man left.
　　 b. *Left the man?
　　 c. Did the man leave?

(9) a. Mary sleeps.
    b. *Sleeps Mary?
    c. Does Mary sleep?

次節では，SAI 現象のこれらの特徴を，主要部移動により説明する．

4.1.2　I^0 から C^0 への主要部移動

生成文法では，SAI 現象を I^0 の C^0 への主要部移動として分析する (Besten 1983; Travis 1984; Chomsky 1986a)．まず，法助動詞を含む (1) を考えよう．can, must, should などの法助動詞は，必ず時制を伴う形で文中に生起し，時制を持たない不定形，動名詞，過去分詞としては生じない．

(10) a. *He will can go.
     b. *Canning pay one's debts is important.
     c. *John has been could change the appointment.

この事実より，法助動詞は IP 主要部に基底生成されると考えられる．したがって，(1b) は次のような構造を持つ．

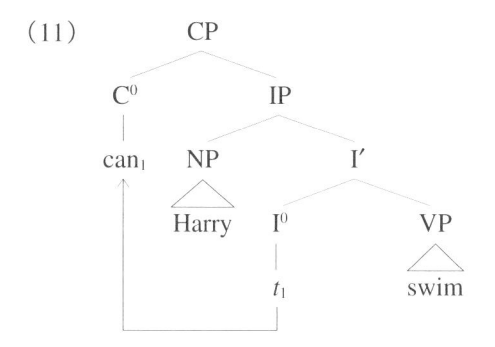

(11)
```
          CP
         /  \
        C⁰   IP
        |   /  \
       can₁ NP   I′
            |   /  \
          Harry I⁰  VP
                |   |
                t₁  swim
```

この構造では，主要部 I^0 に基底生成された助動詞 can が，主要部 C^0 へ移動している．

また，(3a) の wh 疑問文は，I^0 の C^0 への主要部移動と，CP 指定部への wh 移動が適用された文として分析される．

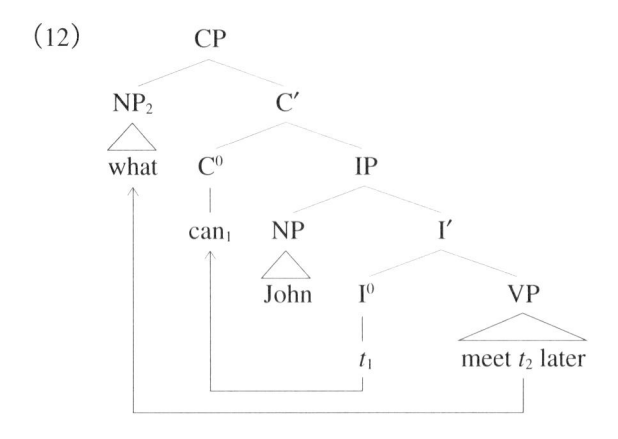

(12)
```
              CP
           /      \
         NP₂       C'
         /\       /  \
       what     C⁰    IP
                |    /  \
              can₁ NP    I'
                   /\   /  \
                 John I⁰   VP
                      |    /\
                      t₁  meet t₂ later
```

文 (3b, c) にも，この構造と同様の構造を仮定できる．

次に，完了形の have，進行形や受身形の be を含む (2) を考えよう．(2) では，have や be が時制を持つが，これらの要素が時制を持たない場合もある．たとえば，(4a) では，時制を持つ要素は will であり，have や been は時制を持たない．(2) と (4) を統一的に説明するためには，have や be を IP 主要部ではなく，VP 主要部に基底生成する必要がある．この場合，(4a) の構造は (13) である．

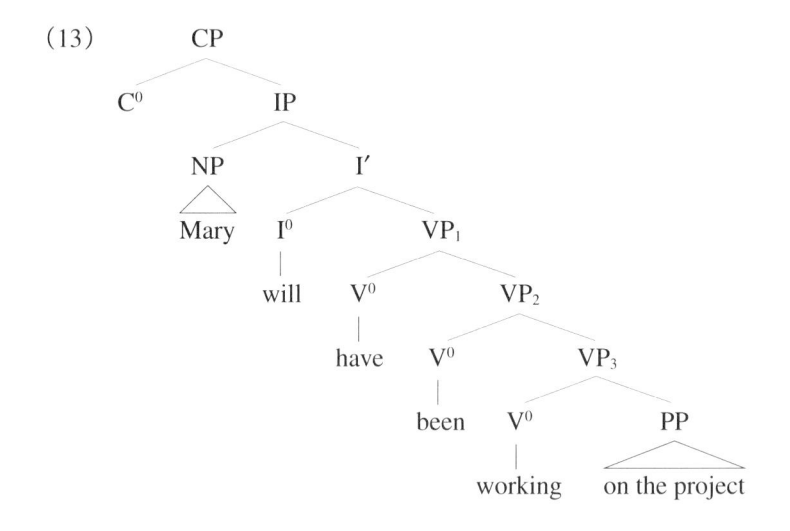

(13)
```
          CP
         /  \
        C⁰   IP
            /  \
          NP    I'
          /\   /  \
        Mary I⁰   VP₁
              |   /  \
             will V⁰  VP₂
                  |   /  \
                 have V⁰  VP₃
                      |   /  \
                    been V⁰   PP
                         |    /\
                      working on the project
```

第 4 章　主要部移動　139

この構造では，have, been, working がそれぞれ独自の VP を形成し，3 層の VP が積み重なっている (Akmajian, Steele and Wasow 1979)．このような構造を仮定する証拠には，次のような動詞句削除現象がある．

(14) Mary will not have been working on the project, but
 a. John will have been.
 b. John will have.
 c. John will.

動詞句削除文 (14a–c) では，VP_3 以下の構造，VP_2 以下の構造，VP_1 以下の構造が，それぞれ削除されている．したがって，完了形の have, 進行形や受身形の be は，それぞれ独自の VP を形成していると考えられる．この考えによると，(2a) の基底構造は，(15) である．

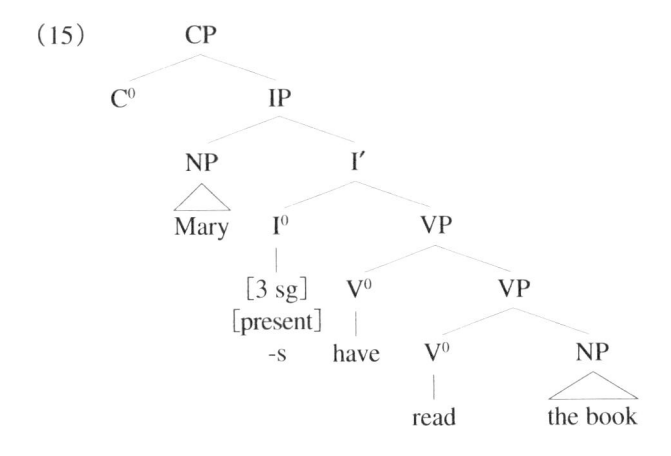

(15)
```
            CP
           /  \
         C⁰    IP
              /  \
            NP    I'
             |   /  \
           Mary I⁰    VP
                |    /  \
             [3 sg] V⁰   VP
            [present] |  / \
               -s   have V⁰  NP
                        |   /\
                       read the book
```

この構造の主要部 I^0 には，3 人称・単数 [sg]・現在時制 [present] を示す屈折要素の具現形 -s が存在する．この要素は，単独で生起することのできない接辞 (affix) であり，動詞要素に付加しなければならない．この場合，I^0 に最も近い動詞要素である have が，I^0 に主要部移動する．

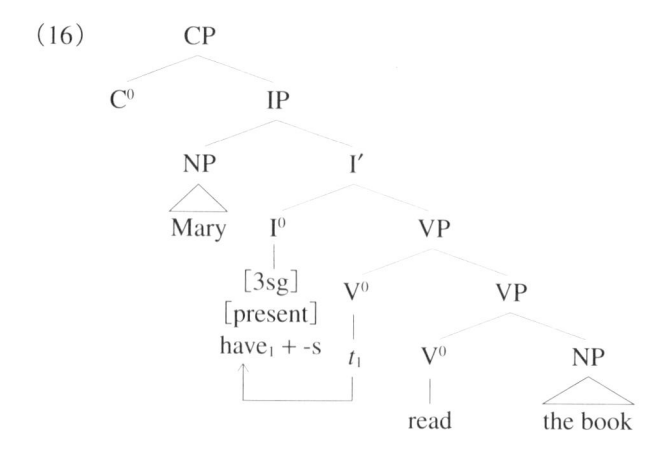

(16)
```
         CP
        /  \
       C⁰   IP
           /  \
          NP   I'
          △   / \
         Mary I⁰  VP
              |   / \
           [3sg] V⁰  VP
          [present] |  / \
          have₁+-s  t₁ V⁰ NP
                      |   △
                     read the book
```

この構造では，have と屈折要素 -s の複合体が，IP 主要部となっている．この複合体が C^0 に主要部移動することにより，次の構造が派生する．

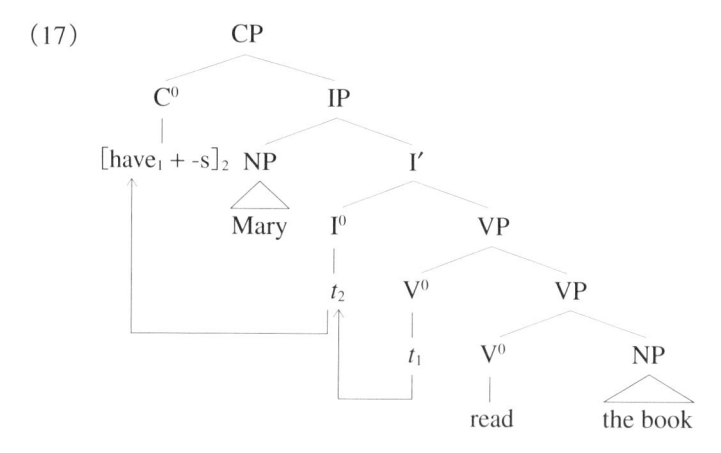

(17)
```
              CP
             /  \
            C⁰   IP
            |   /  \
       [have₁+-s]₂ NP  I'
                   △   / \
                  Mary I⁰  VP
                       |   / \
                       t₂ V⁰  VP
                          |   / \
                          t₁ V⁰  NP
                             |   △
                            read the book
```

この構造の have と屈折要素 -s の複合体が，音韻部門において has となり，(2a) の yes / no 疑問文が派生する．このように，法助動詞を含まない (2a) の完了形の疑問文では，V^0 の I^0 への移動と I^0 の C^0 への移動という，2 つの主要部移動が連続的に行われている．(2b, c) の文についても，同様の分析ができる．すなわち，VP の主要部に基底生成された be が，I^0 に主要部移動することにより，I^0 にある屈折要素に付加する．その

後，be と屈折要素の複合体が C^0 へ主要部移動することにより，これらの yes / no 疑問文が派生する．

4.1.3　SAI 現象の説明

以上の点をふまえて，4.1.2 節で見た SAI 現象の 2 つの特徴の説明に移ろう．まず，第一の特徴，すなわち，法助動詞，have, be などの複数の助動詞が共起する場合，SAI を受ける要素は，それらのうちの先頭要素であるという事実を考えよう．この事実は，移動操作一般に課せられる次の 2 つの条件により説明される（⇒ 1.1, 3.6.2）．

（18）　構造保持制約（Structure-Preserving Constraint）：　ある範疇 C の要素が移動する場合，移動先は，それと同一の範疇 C により占められる位置に限られる．　　　　　　　　（Emonds 1976）
（19）　最小連結条件（Minimal Link Condition: MLC）：　ある要素が移動する場合，元位置から移動可能な最も近い位置に移動しなければならない．

条件（18）により，主要部の移動先は，主要部が現れる位置，すなわち，主要部位置に限られる．言い換えると，主要部は，IP 指定部や CP 指定部のように最大投射範疇が生起する場所には移動できない．(18) と (19) の条件によると，主要部が移動する場合，元位置から最も近い主要部位置に移動しなければならない．このことを前提として，(4a) の文を考えよう．この文の基底構造は，次の構造である．

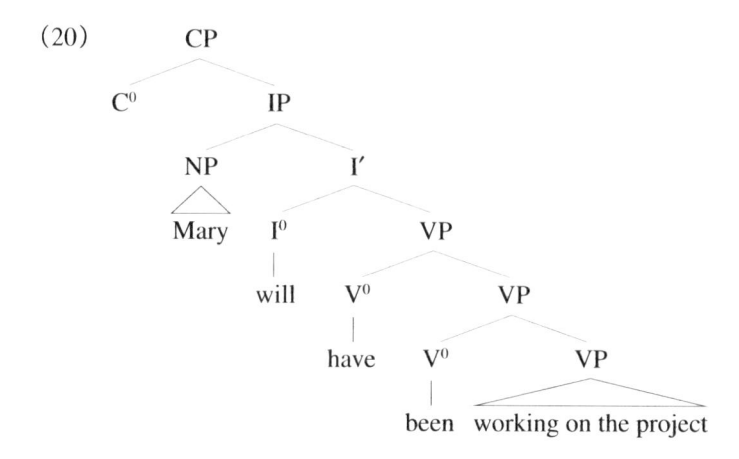

(20)
```
              CP
           /      \
          C⁰       IP
                /      \
              NP        I'
              /\      /    \
            Mary    I⁰      VP
                    |     /    \
                   will  V⁰     VP
                         |    /    \
                        have V⁰     VP
                             |     /  \
                           been  working on the project
```

この構造の I⁰ にある will が C⁰ に主要部移動することにより，(4b) の文が派生する．一方，(4c) を派生するためには，V⁰ の have が，I⁰ の will を越えて，C⁰ に主要部移動しなければならない．しかしながら，have が I⁰ を越えて C⁰ に移動することは (19) の MLC に違反するので，(4c) は非文である．(4d) についても同様の説明が当てはまる．

次に，(6)–(9) が示す SAI 現象の第二の特徴，すなわち，本動詞 be は SAI を受けるが，それ以外の本動詞は，SAI 構文において支え語 do を必要とするという事実を考えよう．この事実は，主要部移動と，次の 2 つの仮定により説明される．

(21) have や be 動詞は，I⁰ に主要部移動することができるが，その他の本動詞はできない．

(22) 時制辞を含む屈折要素を支える要素が存在しない場合にかぎり，支え語の do が最後の手段として挿入される．

仮定 (21) の妥当性は，副詞の分布により示される．動詞句を修飾する often や completely などの副詞は VP に付加しているので，これらの副詞の左側に現れる要素は VP の外にあり，右側に現れる要素は VP 内にあると考えられる．これらの副詞に対し，have や be は左側に生じ，右側には生じない．

(23) a. John has completely lost his mind.
　　　b. Books are often (completely) rewritten for children.
(24) a. *John completely has lost his mind.
　　　b. *Books often (completely) are rewritten for children.

一方，本動詞はこれらの副詞の右側に生じ，左側には生じない．

(25) a. John often kisses Mary.
　　　b. John completely lost his mind.
(26) a. *John kisses often Mary.
　　　b. *John lost completely his mind.

したがって，have や be は V^0 から VP の外にある I^0 に移動しているのに対し，本動詞は基底生成された V^0 に留まる．

　have や be 動詞と本動詞のこのような違いは，意味役割付与の有無に関連すると考えられる（Pollock 1989）．本動詞は，VP 内において，その項に対して意味役割を付与する（⇒ 3.5）．本動詞が VP 内から I^0 に移動した場合，その項に意味役割を付与できなくなる．これに対して，have や be 動詞は意味役割を付与しないので，自由に VP 内から I^0 に移動できると考えられる（have や be 動詞と本動詞の違いに関する他の分析については，Chomsky (1995), Lasnik (1995b), Roberts (1998) 等々を参照）．

　仮定 (21) と (22) をふまえて，まず，(8c) を考えよう．この yes / no 疑問文の基底構造は，(27) である．

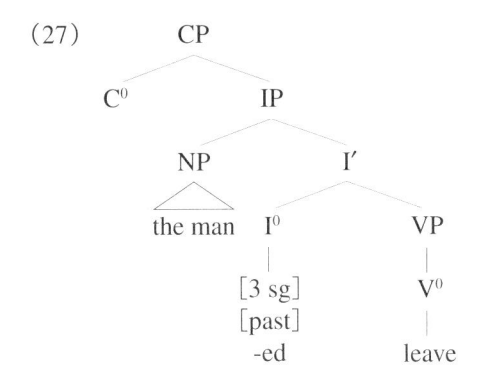

(27)　　　　　CP
　　　　　／　　＼
　　　　C^0　　　IP
　　　　　　　／　　＼
　　　　　　NP　　　I′
　　　　　　│　　／　＼
　　　　the man　I^0　　VP
　　　　　　　　│　　　│
　　　　　　　[3 sg]　　V^0
　　　　　　　[past]　　│
　　　　　　　-ed　　leave

この構造では，主要部 I^0 に，3 人称・単数・過去時制を示す屈折要素の具現形 -ed が存在する．(21) によると，英語の本動詞は主要部移動により I^0 に繰り上がることができない．そのため，I^0 にある屈折要素が単独で C^0 へ主要部移動する．

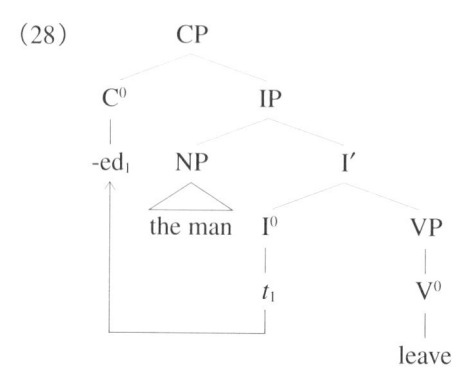

(28)

```
            CP
           /  \
         C⁰    IP
         |    /  \
       -ed₁  NP   I'
             /\   / \
         the man I⁰  VP
                 |   |
                 t₁  V⁰
                     |
                    leave
```

主要部 C^0 へ移動した屈折要素 -ed は単独では生起できないので，(22) により，最後の手段として支え語の do が CP 主要部に挿入される．

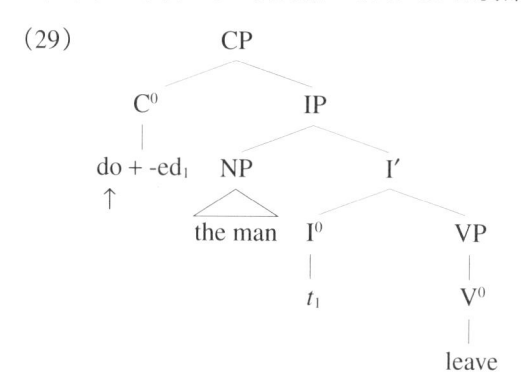

(29)

```
              CP
             /  \
           C⁰    IP
           |    /  \
       do + -ed₁ NP  I'
           ↑    /\  / \
             the man I⁰ VP
                     |  |
                     t₁ V⁰
                        |
                       leave
```

音韻部門において，do と -ed の複合体が did と解釈され，(8c) の yes / no 疑問文が派生する．

　一方，屈折要素 -ed と動詞 leave が結合した (8b) を派生するためには，屈折要素が I^0 から C^0 へ移動する以前の (27) において，動詞が基底生成された V^0 から I^0 へ繰り上がらなければならない．しかしながら，このよ

うな移動は，(21) により許されない．したがって，(8b) は非文である．同様の分析が，(9) についても当てはまる．

次に，本動詞が be 動詞である (7) を考えよう．この場合，yes / no 疑問文において支え語 do の挿入が許されない．

(30) a. Is he the teacher?
　　　b. *Does he be the teacher?

仮定 (21) によると，本動詞 be は，V^0 から I^0 に主要部移動できる．その結果，be 動詞と屈折要素の複合体が I^0 から C^0 に繰り上がり，(30a) が派生する．一方，(30b) は，be 動詞が基底生成された V^0 に留まり，屈折要素が単独で I^0 から C^0 に繰り上がった後で，C^0 に do が挿入されることにより派生される．(30b) の非文法性は，支え語 do が最後の手段として挿入されると仮定する (22) により説明できる．すなわち，本動詞が be 動詞の場合，be 動詞が I^0 に主要部移動できるので，be 動詞自体が屈折要素を支えることができる．したがって，do を挿入する必要はなく，(30b) の派生は許されない．

be 動詞以外の本動詞でも，do 挿入が行われない場合がある．

(31) Who bought the car at the shop?

この文が示すように，主語が wh 語である wh 疑問文の場合，do は現れない．この文の構造は (32) である．

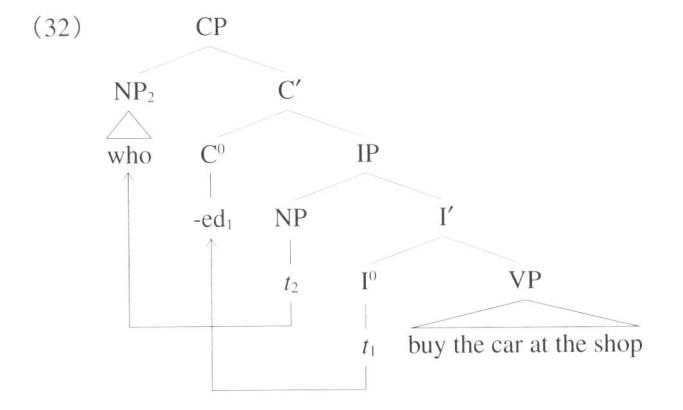

(32)

```
                CP
              /    \
           NP₂      C'
           /       /  \
         who    C⁰     IP
                |     /  \
              -ed₁   NP   I'
                     |   /  \
                    t₂  I⁰   VP
                        |    |
                        t₁  buy the car at the shop
```

この構造で，屈折要素 -ed が，I^0 から C^0 へ主要部移動している．また，動詞 buy は，基底生成された V^0 に留まっている．屈折要素と動詞の間には，who の痕跡 t_2 と屈折要素自身の痕跡 t_1 が介在しているが，痕跡は発音されないので，音韻部門においては無視される．その結果，音韻部門では，屈折要素と動詞は隣接していることになり，屈折要素と動詞は音韻部門において併合され，bought の音形が得られる (Halle and Marantz 1993; Bobaljik 1994; Lasnik 1995b)．この派生によると，-ed は buy と結合できるので，屈折要素を支えるために do を C^0 に挿入する必要はない．したがって，(22) により，(32) に do を挿入することはできない．その結果，(31) の wh 疑問文には do が現れない．

このように，SAI 現象の特徴は，i) 主要部移動，ii) 法助動詞と have / be における基底生成される位置の違い，iii) MLC，iv) have / be と本動詞における繰り上げ操作の違い，v) 支え語 do の挿入の相互作用の帰結として説明される．

最後に，残された問題を 1 つ指摘しておこう．標準英語においては，SAI 現象は主節に限られ，埋め込み節では起きない．

(33) a. I was wondering whether / if he would come home for the Christmas.
　　　b. *I was wondering would he come home for the Christmas.
　　　c. I wonder what he would buy.
　　　d. *I wonder what would he buy.

これに対して，アイルランド英語では，SAI 現象が埋め込み節においても起きる．

(34) a. I was wondering would he come home for the Christmas.
　　　b. He never asked me did I want to go with him.
　　　c. Did he tell you how did he do it?

(McCloskey 1991, 294)

このような違いがどのように説明されるかが問題になる（McCloskey (1991), Henry (1995), Watanabe (1996) 等々を参照）．

4.1.4　V² 現　象

次に，英語の SAI とよく似た，動詞第 2 要素 (Verb Second: V²) 現象について見よう．ドイツ語では，主節の文が平常文の場合，定形動詞 (finite verb) が文の 2 番目の位置に生じる．

(35)　a.　Die Kinder *haben* das Brot heute gegessen.
　　　　　 the children have　the bread today eaten
　　　　　 'The children have eaten the bread today.'
　　　 b.　Heute *haben* die Kinder das Brot gegessen.
　　　 c.　*Heute die Kinder *haben* das Brot gegessen.
　　　　　　　　　　　　　　　　　　　　　(Travis 1991, 343)

文 (35a, b) では，定形動詞 haben が文の第 2 要素として生じている．一方，定形動詞が文の第 3 要素として生起している (35c) は非文である．また，完了の助動詞だけでなく，本動詞も文の第 2 要素として生起する．

(36)　Hier *schläft* Peter nicht.
　　　 here sleeps　Peter not
　　　 'Peter does not sleep here.'　　　　(Vikner 1995, 30)

さらに，補文節では，接続詞が存在しない場合にかぎり，定形動詞が補文節の第 2 要素として生じる ((37b))．

(37)　a.　Ich weiß, daß die Kinder das Brot gegessen *haben*.
　　　　　 I　 know that the children the bread eaten　　 have
　　　　　 'I know that the children have eaten the bread.'
　　　 b.　Ich weiß, die Kinder *haben* das Brot gegessen.
　　　　　　　　　　　　　　　　　　　　　(Travis 1991, 345)

このように，定形動詞が文の第 2 要素として生じる現象は，V² 現象と呼ばれ，この現象は，オランダ語，スウェーデン語，アイスランド語等々のゲルマン諸語においても見られる．

V² 現象は，主要部移動を仮定することにより分析できる．すなわち，文の第 2 要素位置を占める定形動詞は，基底生成された位置から主要部移動

により，C^0 へ移動すると考えられる (Besten 1983)．この分析によると，(35a) は次の構造を持つ．

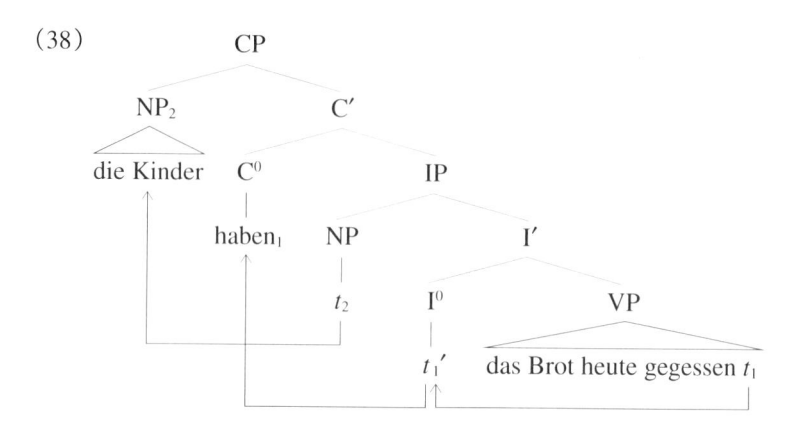

(38)

```
              CP
         ／          ＼
       NP_2           C'
      ／  ＼       ／    ＼
  die Kinder   C^0         IP
               │       ／    ＼
             haben_1  NP       I'
                      │     ／    ＼
                     t_2   I^0      VP
                           │      ／  ＼
                          t_1'  das Brot heute gegessen t_1
```

この構造では，定形動詞 haben が，基底生成された位置から I^0 を経由して，C^0 へ主要部移動している．また，主語 die Kinder は，IP 指定部から CP 指定部へ移動している．その結果，主語が文の第 1 要素，定形動詞が第 2 要素になる．(35b) においても，定形動詞が C^0 へ主要部移動しているが，この場合，CP 指定部へ移動している要素は，副詞句 heute である．この分析によると，CP 指定部には要素が存在するので，C^0 にある定形動詞は必ず第 2 要素となる．したがって，定形動詞が文の第 3 要素である (35c) は，非文である．また，(36) の場合，本動詞 schläft 自体が，V^0 から I^0 を経由して C^0 へ移動している．さらに，(37a) の接続詞 daß は C^0 にあるので，定形動詞は C^0 へ主要部移動できない．その結果，定形動詞は，基底生成された位置に留まる．一方，接続詞 daß が存在しない (37b) の補文節では，主語が CP 指定部に移動し，定形動詞は C^0 へ主要部移動する．

このように，ドイツ語の V^2 現象と英語の SAI 現象はよく似ており，両者はともに，I^0 の C^0 への主要部移動として分析できる．

4.2 否 定 文

本節では，主要部移動が英語の否定文にも見られることを述べる．

4.2.1 動詞繰り上げと **do** 挿入

否定要素 not を含む次の文を考えよう．

(39) a. Susan can not swim.
b. Harry has not read the book.
c. John is not sleeping.
d. Louis was not invited by Mary.

これらの文が示すように，否定要素 not は，法助動詞，完了形の have，進行形や受身形の be などの助動詞の直後に生起する．また，複数の助動詞が存在する場合，最初の助動詞の直後に現れる．

(40) a. John can not be working on the project.
b. John can not have been working on the project.

さらに，本動詞が be 動詞の場合，not は be 動詞の直後に生起するが，本動詞が be 動詞以外の場合，支え語 do が not の前に挿入される．

(41) a. Tom is not at the station.
b. The man does not sleep.

これらの否定文のパターンは，前節で見た SAI 現象とよく似ており，ともに主要部移動を仮定することにより説明される．

具体的な分析に入る前に，否定要素 not が生じる位置について述べておこう．not は NegP の指定部に位置し，NegP が IP と VP の間にあると仮定すると，(39a) の構造は (42) である (Pollock 1989; Laka 1990; Zanuttini 1991)．

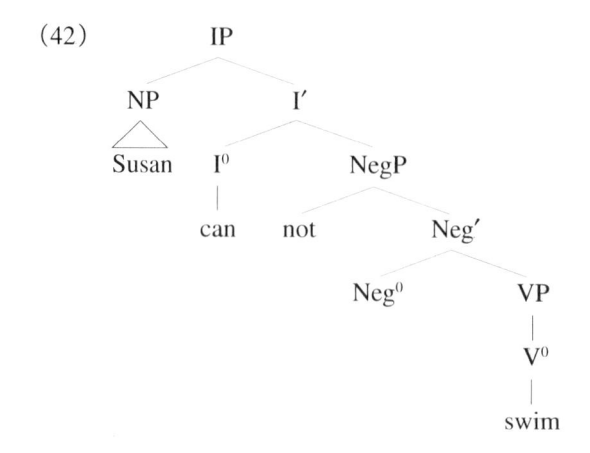

(42)
```
            IP
         /      \
       NP        I'
       △      /    \
     Susan   I⁰     NegP
             |     /    \
            can  not    Neg'
                       /    \
                     Neg⁰    VP
                             |
                             V⁰
                             |
                            swim
```

また，(39b) の基底構造は (43) である．

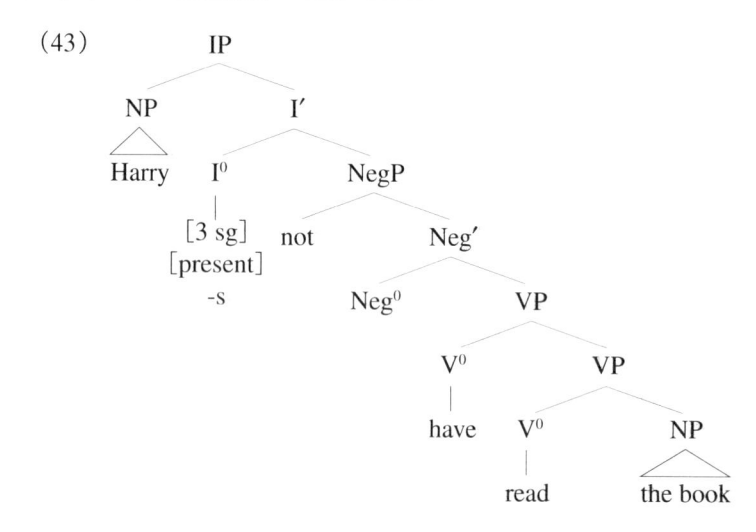

(43)
```
            IP
         /      \
       NP        I'
       △      /    \
     Harry   I⁰     NegP
             |     /    \
           [3 sg] not    Neg'
          [present]     /    \
            -s        Neg⁰    VP
                             /  \
                            V⁰   VP
                            |   /  \
                           have V⁰  NP
                                |   △
                               read the book
```

IP 主要部には，3 人称・単数・現在時制を示す屈折要素 -s が存在する．仮定 (21) によると，have は I⁰ に主要部移動できる．また，(19) の MLC によると，最も近い主要部位置に移動しなければならない．したがって，屈折要素と結合するために，have が Neg⁰ を経由して I⁰ に移動する．その結果，次の構造が派生する．

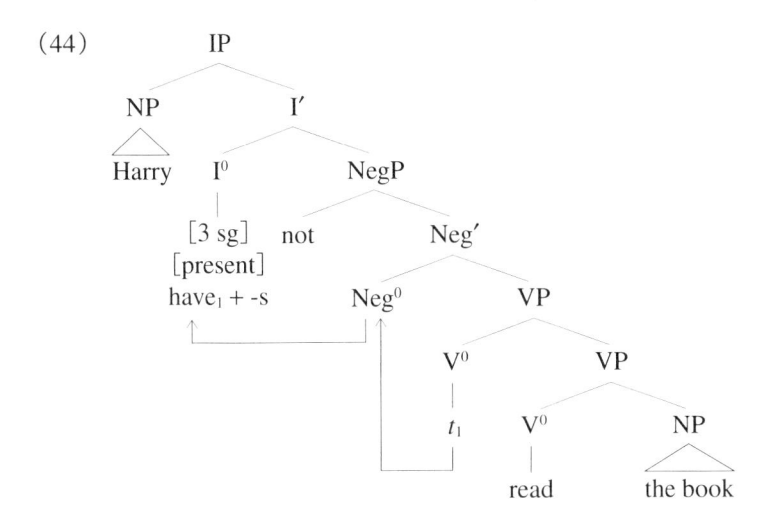

(44) [tree diagram:
IP
├─ NP: Harry
└─ I'
   ├─ I⁰: [3 sg][present] have₁ + -s
   └─ NegP
      ├─ not
      └─ Neg'
         ├─ Neg⁰
         └─ VP
            ├─ V⁰: t₁
            └─ VP
               ├─ V⁰: read
               └─ NP: the book]

この構造の have と屈折要素 -s の複合体が，音韻部門において has と解釈され，(39b) が派生する．(39c, d) についても同様の分析が当てはまる．すなわち，これらの文は，be が NegP 指定部の not を越え，I⁰ の屈折要素と結合することにより派生する．

この分析によると，have や be が I⁰ に主要部移動するのは，法助動詞が I⁰ に存在しない場合である．(40a) の構造である (45) を見よう．

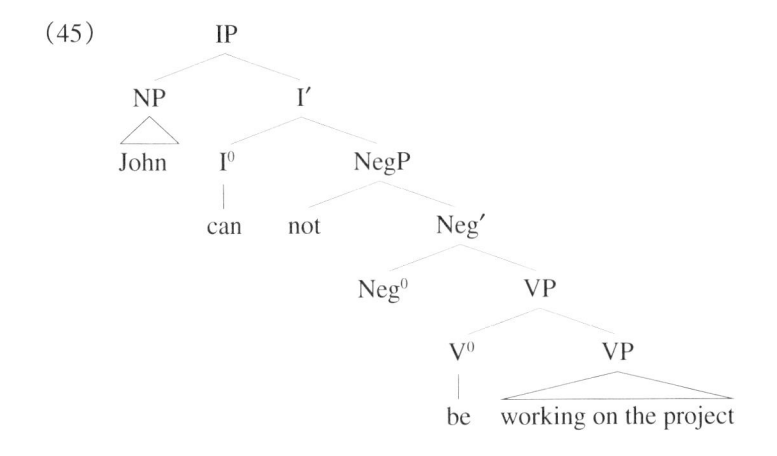

(45) [tree diagram:
IP
├─ NP: John
└─ I'
   ├─ I⁰: can
   └─ NegP
      ├─ not
      └─ Neg'
         ├─ Neg⁰
         └─ VP
            ├─ V⁰: be
            └─ VP: working on the project]

この構造では，can が I^0 に基底生成され，be は V^0 に留まる．同様の分析が，(40b) についても当てはまる．したがって，助動詞が複数存在する場合，not は最初の助動詞の直後に生起する．

次に，助動詞が存在しない (41) について考えよう．be 動詞が本動詞である場合，(21) により，be 動詞は，基底生成された V^0 から，NegP 指定部の not を越えて I^0 に主要部移動できる．その結果，(41a) が派生される．一方，be 動詞以外の本動詞は，I^0 に主要部移動できない．したがって，(41b) の構造は (46) である．

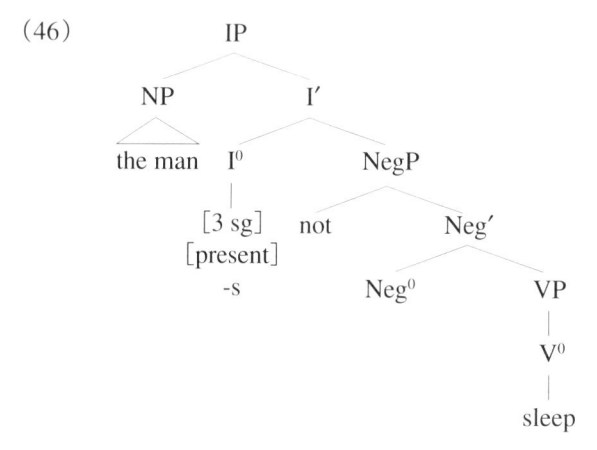

(46)

```
              IP
            /    \
          NP      I'
         / \    /    \
     the man I⁰    NegP
             |   /     \
          [3 sg] not   Neg'
          [present]   /    \
             -s    Neg⁰    VP
                            |
                            V⁰
                            |
                           sleep
```

この構造では，I^0 にある屈折要素 -s と V^0 にある sleep の間には，否定要素 not が介在し，両者は隣接していない．その結果，屈折要素と動詞を音韻部門で併合できず，次の文は非文となる．

(47) *The man not sleeps.

そこで，(46) において，屈折要素を支える最後の手段として支え語 do が I^0 に挿入され，次の構造が派生される．

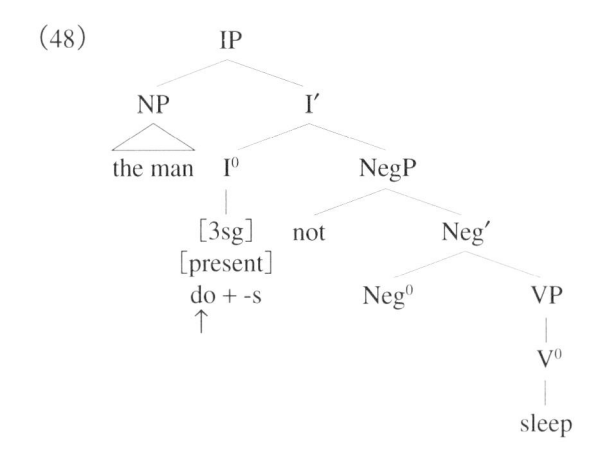

(48)
```
         IP
        /  \
      NP    I'
     /\    /  \
  the man I⁰   NegP
          |   /    \
         [3sg] not  Neg'
        [present]   /  \
         do + -s  Neg⁰  VP
           ↑            |
                        V⁰
                        |
                       sleep
```

　この構造の do + -s が音韻部門で does と解釈され，(41b) が派生する．このように，動詞と屈折要素の間に否定要素 not が介在する時にのみ，I⁰ の屈折要素を支える do が最後の手段として挿入される．

　これに対して，NegP が存在しない平常文においては，強調の意味の場合を除いて，do は挿入されない．

(49) *The man does sleep.

この文の基底構造は (50) である．

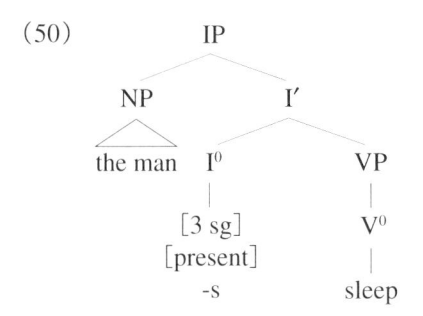

(50)
```
         IP
        /  \
      NP    I'
     /\    /  \
  the man I⁰   VP
          |    |
         [3 sg] V⁰
        [present] |
           -s    sleep
```

　この構造では，屈折要素と動詞は隣接しているので，両者は音韻部門の併合操作により結合できる ($\Rightarrow$ (32))．したがって，do を I⁰ に挿入する必要はなく，do 挿入は許されない．その結果，(49) は非文である．

このように，英語の否定文は，i) V^0 から I^0 への主要部移動, ii) NegP の設定, iii) have / be と本動詞における繰り上げ操作の違い, iv) 支え語 do の挿入, v) 音韻部門での併合操作の相互作用の帰結として説明される．

4.2.2 残された問題

最後に，残された問題を2つ指摘しておこう．第一は，副詞に関する問題である．(51a) における副詞 often や completely は，VP に付加していると考えられる．そのため，この文の基底構造は (51b) である．

(51) a. John often kisses Mary.
　　 b.
```
                IP
              /    \
            NP      I'
            |      /  \
          John   I⁰     VP
                 |    /    \
               [3 sg] Adv    VP
              [present] |   /   \
                 |    often V⁰    NP
                 -s        |      |
                          kiss   Mary
```

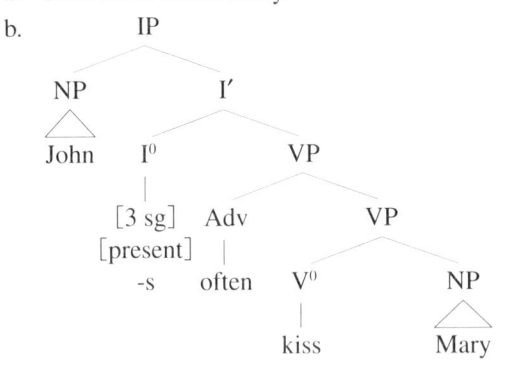

この構造では，I^0 と V^0 の間に often が介在しており，屈折要素と動詞は隣接していない．したがって，両者は音韻部門で併合操作により結びつくことができず，I^0 に do が挿入されるはずである．しかし，(51a) が示すように，do は挿入されない．この事実は，音韻部門で併合操作が適用される時点において，often の存在がいわば無視されることを意味するが，どのようなメカニズムにより，often が音韻論上無視されるのかが問題となる（この問題に対する1つの解決案については，島 (1999) を参照）．

第二の問題は，英語とフランス語における，動詞繰り上げ操作の違いである．英語では，be 動詞以外の本動詞は，NegP を越えて I^0 に主要部移動できない．そのため，本動詞は，NegP 指定部に位置する not の左側に現れない．

（52）*John likes not Mary.

これに対して，フランス語の場合，すべての定形動詞が，NegP にある否定要素を越えて I^0 に移動できる．その結果，次の文が示すように，動詞 aime が否定要素 pas の左側に現れる．

（53） Jean (n') aime pas Marie.
　　　 Jean (not) love NEG Marie
　　　 'Jean does not love Marie'

このように，英語の本動詞は I^0 に主要部移動できないのに対し，フランス語のすべての動詞は，主要部移動できる．この違いがどのように説明されるのかが問題になる（Emonds (1978), Pollock (1989), Lasnik (1995b) 等々を参照）．

4.3　不 変 化 詞

次の文を考えよう．

（54） a.　John ran up the street.
　　　 b.　John tore up the letter.

文 (54a) の up は前置詞であり，後続する名詞句 the street と前置詞句を形成している．一方，(54b) の up は副詞的に使われており，後続する名詞句 the letter と 1 つの構成素を形成していない．(54b) のような up を，不変化詞 (particle) と呼ぶ．不変化詞と前置詞の違いは，次の対比からも明らかである．

（55） a.　*John ran the street up.
　　　 b.　John tore the letter up.

前置詞 up は名詞句の後に生起することができないが，不変化詞 up は生起できる．本節では，不変化詞の分布を主要部移動により説明する．

4.3.1　不変化詞と前置詞の違い

不変化詞と前置詞の違いを示す，さらなる事実を見よう．第一に，(54a) の前置詞句は，WH 移動，話題化，関係詞化により移動できるが，(54b) の up the letter は，これらの操作により移動できない．

(56)　a.　Up which street did John run?
　　　b.　*Up which letter did John tear?
(57)　a.　Up this street John ran.
　　　b.　*Up this letter John tore.
(58)　a.　The street up which John ran is Main Street.
　　　b.　*The letter up which John tore is very important.
　　　　　　　　　　　　　　　　　(Haegeman and Guéron 1999, 253)

移動操作の対象となるのは，構成素をなす要素に限られる．(54a) の up the street は前置詞句であり，1つの構成素を形成しているので，wh 疑問化，話題化，関係詞化により移動できる．一方，(54b) の up the letter は1つの構成素を形成していなので，移動できない．

第二に，(54a) の up the street は，強調構文の一種である分裂文 (cleft sentence) の焦点位置に生起できるが，(54b) の up the letter は生起できない．

(59)　a.　It was up the street that John ran.
　　　b.　*It was up the letter that John tore.
　　　　　　　　　　　　　　　　　(Haegeman and Guéron 1999, 253)

分裂文の焦点位置には，構成素要素しか生じることができない．そのため，構成素を形成する (54a) の up the street はこの位置に生起できるが，構成素を形成しない (54b) の up the letter は生起できない．

第三に，(54a) の up the street は，等位接続詞 and により他の前置詞句と連結できるが，(54b) の up the letter はできない．

(60)　a.　John ran up the street and down the road.
　　　b.　*John tore up the letter and up the card.
　　　　　　　　　　　　　　　　　(Haegeman and Guéron 1999, 253)

等位接続詞により連結される要素は，同じ要素でなければならない．(54a)のup the streetは前置詞句を形成しているので，andにより他の前置詞句と連結できる．一方，(54b)のup the letterは前置詞句を形成しないので，他の前置詞句と連結することができない．

　第四の事実は，右枝節点繰り上げ（right node raising）に関するものである．等位接続された文内に同じ要素がある場合，それらの要素を文末にまとめることができる．

(61) a. He may be a good student, and I think he is a good student.
　　　b. He may be, and I think he is, a good student.

この場合，名詞句である a good student が1つにまとめられているが，まとめられる要素は，構成素を形成する要素に限られる．このことをふまえて，次の文を見よう．

(62) a. John ran up the street and Bill walked up the street.
　　　b. John wrote up the letter and Bill tore up the letter.

文(62a)におけるup the streetを1つにまとめることはできるが，(62b)の文におけるup the letterを文末にまとめることはできない．

(63) a. John ran and Bill walked up the street.
　　　b. *John wrote and Bill tore up the letter.
　　　　　　　　　　　　　　　（Haegeman and Guéron 1999, 253）

(62a)のup the streetは，前置詞句であり，構成素を形成する．したがって，これらの前置詞句を1つにまとめて，(63a)のように述べることができる．一方，(62b)の up the letter は，前置詞句を形成しない．その結果，up the letterを文末に1つにまとめて，(63b)のように述べることはできない．

　このように，前置詞は後続する名詞句と前置詞句を形成するが，不変化詞は後続する名詞句と構成素を形成しないことを示す，さまざまな事実が存在する．

4.3.2　不変化詞の構造

不変化詞と前置詞の違いをふまえて，(54a, b) の構造を考えよう．前置詞を含む (54a) の句構造は (64) である．

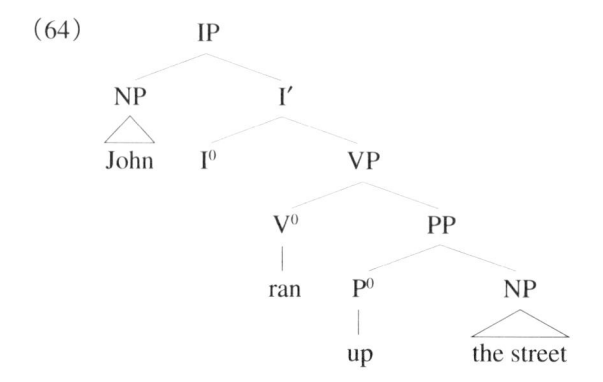

(64)
```
            IP
          /    \
        NP      I'
        |      /  \
       John  I⁰    VP
                  /  \
                V⁰    PP
                |    /  \
               ran  P⁰   NP
                    |    |
                    up  the street
```

この構造では，前置詞 up が，名詞句 the street とともに前置詞句 PP を形成している．これに対して，不変化詞を含む (54b) は，次の基底構造を持つと考えられる (Haegeman and Guéron 1999, 258)．

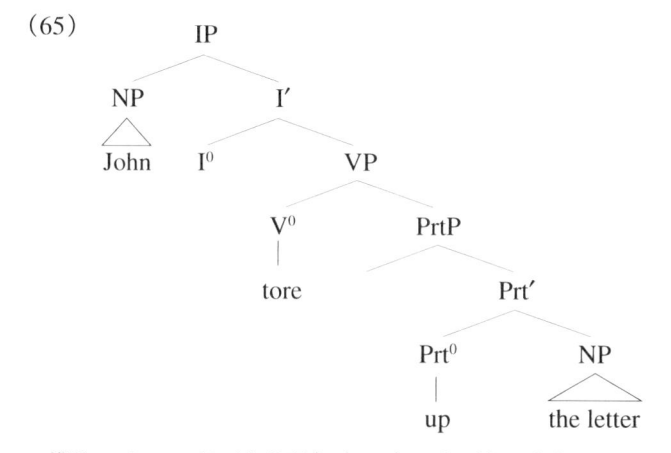

(65)
```
            IP
          /    \
        NP      I'
        |      /  \
       John  I⁰    VP
                  /   \
                V⁰    PrtP
                |    /    \
              tore  Prt'
                   /    \
                 Prt⁰    NP
                  |      |
                  up   the letter
```

この構造では，up が不変化詞句 (PrtP) の主要部であり，その不変化詞句は，動詞の補部となっている．(54b) は，Prt⁰ の up が動詞に主要部移動することにより派生する．

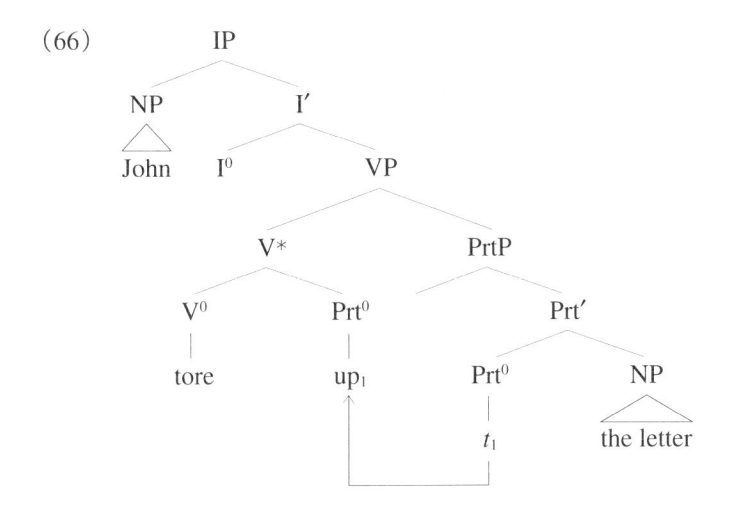

(66)
```
            IP
           /  \
         NP    I′
         /\   /  \
       John  I⁰   VP
                 /  \
               V*    PrtP
              /  \   /  \
            V⁰  Prt⁰ Prt′
            |    |   /  \
          tore  up₁ Prt⁰  NP
                     |    /\
                     t₁  the letter
```

この構造では，不変化詞 up は，the letter と構成素を形成していない．このように，(54a, b) に対してそれぞれ (64) と (66) の構造を仮定することにより，前節で見た前置詞と不変化詞の違いが捉えられる．

構造 (66) では，不変化詞 up が，動詞 tore と句動詞 (phrasal verb) V* を形成しているが，このことを示す2つの事実が存在する．第一は，副詞要素 right の分布に関するものである．動詞と前置詞 up の間に right を介在させ，up the street を修飾することはできるが，不変化詞の場合はできない．

(67) a. John ran right up the street.
　　　b. *John tore right up the letter.

(Haegeman and Guéron 1999, 253)

構造 (64) が示すように，前置詞 up と名詞句 the street は，前置詞句を形成している．したがって，前置詞句を修飾する副詞 right を PP に付加することができる．一方，(66) が示すように，不変化詞 up と動詞 tore は，句動詞 V* を形成している．句動詞の内部に副詞句を付加することはできないので，right は tore と up の間に生じることができない．

　第二の事実は，空所化 (gapping) に関するものである．次の文を見よう．

(68) a. John ran up the street and Bill ran up the lane.
　　　b. John tore up the letter and Bill tore up the card.

文 (68a) の and 以降の動詞 ran を単独で省略することはできるが，ran と up をともに省略することはできない．

(69) a. John ran up the street and Bill ___ up the lane.
　　　b. *John ran up the street and Bill ___ the lane.
　　　　　　　　　　　　(Haegeman and Guéron 1999, 253–254)

一方，(68b) の and 以降の動詞 tore を省略するさいには，up も同時に省略しなければならない．

(70) a. *John tore up the letter and Bill ___ up the card.
　　　b. John tore up the letter and Bill ___ the card.
　　　　　　　　　　　　(Haegeman and Guéron 1999, 253)

この対比は，次のように説明される．省略される要素は，1つの構成素でなければならない．そのため，動詞と構成素をなさない前置詞 up は，動詞とともに省略することができないが，動詞と構成素 V* を形成する不変化詞 up は，動詞とともに省略される．

　このように，(64) と (66) の構造を仮定することにより，さまざまな言語事実を説明できる．したがって，不変化詞が動詞に主要部移動していると考えられる．

　最後に，(55b) の構造を考えよう．この文は，(65) の the letter が，PrtP の補部位置から空である PrtP の指定部に移動することにより派生する．

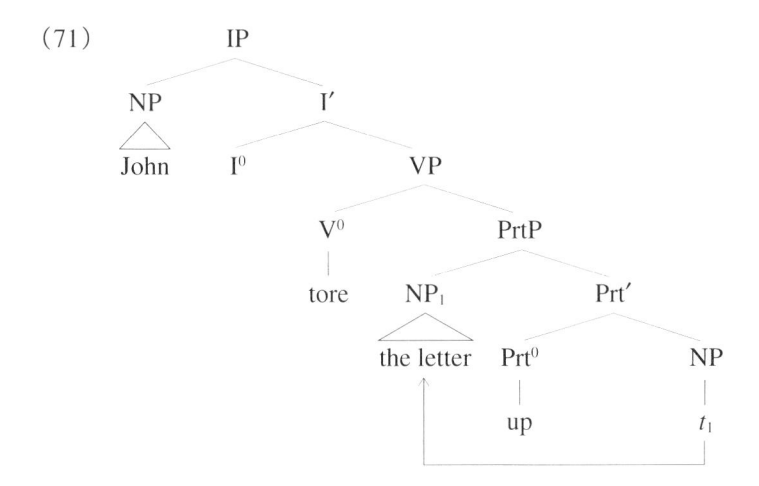

(71)
```
          IP
         /  \
       NP    I'
       /\   /  \
     John  I⁰   VP
              /    \
            V⁰     PrtP
            |     /    \
           tore  NP₁    Prt'
               /\      /   \
         the letter  Prt⁰   NP
                     |      |
                     up     t₁
```

この移動の結果，動詞−名詞−不変化詞の語順となる．

4.3.3 不変化詞の移動理由

次に，(66) の不変化詞が，動詞に主要部移動する理由について考えよう．(64) の構造では，前置詞 up が名詞句 the street に格を付与する．一方，不変化詞 up には，格付与能力がないと考えられるので，(65) の Prt⁰ の補部位置にある名詞句 the letter には，格が付与されない．この構造で，名詞句に格付与できる要素は，他動詞 tore である．しかしながら，不変化詞 up が Prt⁰ の位置に留まるかぎり，動詞と名詞句の間に up が介在するので，格付与の隣接条件により，動詞は名詞句に格付与できない．この問題を解決するためには，不変化詞が動詞へ主要部移動すればよい (Baker 1988)．この移動により，不変化詞と動詞が 1 つの句動詞を形成し，動詞と名詞句は隣接するので，格付与が可能になる．このように，動詞が名詞句に格を与えることを可能にするために，不変化詞は動詞に主要部移動する．また，(71) では，名詞句 the letter が PrtP の指定部に移動した結果，動詞 tore は the letter に隣接することになり，格付与が可能となる．

以上の議論をまとめると，不変化詞を含む (65) の基底構造において，名詞句に格付与する方法が 2 通りある．1 つは，不変化詞を動詞に主要部

移動する方法であり，この場合，(66)の構造が派生する．もう1つは，名詞句をPrtPの指定部に移動する方法であり，この場合は，(71)の構造が派生する．このようにして，次の例に見られる交替現象が説明される．

(72) a. John gave away his money.
　　　b. John gave his money away.
(73) a. Mary sent out the manuscript.
　　　b. Mary sent the manuscript out.
(74) a. Tom turned down the offer.
　　　b. Tom turned the offer down.
(75) a. Louise looked up the information.
　　　b. Louise looked the information up.
(76) a. You put off the light.
　　　b. You put the light off.

これらの文の(a)は，不変化詞が動詞に主要部移動している場合であり，(b)は，名詞句がPrtPの指定部に移動している場合である．いずれにおいても，移動が起きる原因は，名詞句に格付与するためである．

4.3.4　残された問題

以上，本節では，不変化詞は名詞句に格付与しないという仮定に基づいて，不変化詞を含む構文の特徴を説明してきた．最後に，残された問題を2つ述べておこう．

1つは，代名詞に関する問題である．(72)–(76)が示すように，不変化詞を含む文は，「動詞−不変化詞−目的語」と「動詞−目的語−不変化詞」の両方の語順を許す．しかし，目的語が代名詞の場合は，「動詞−目的語−不変化詞」の語順は許されるが，「動詞−不変化詞−目的語」の語順は許されない．

(77) a. John gave it away.
　　　b. *John gave away it.
(78) a. Mary sent it out.

b. *Mary sent out it.
(79) a. Tom turned it down.
    b. *Tom turned down it.

これらの文の (a) の代名詞 it は，PrtP の指定部に移動し，(b) の代名詞は，補部の位置に留まると考えられる．(b) の非文法性は，代名詞が PrtP の指定部に必ず移動しなければならないことを示すが，その理由が明らかではない．

もう 1 つの問題は，次のような文に関するものである．

(80) a.　They made John out a liar.
    b.　?*They made out John a liar.
    c.　*They made John a liar out.　　　Dikken (1995, 45)
(81) a.　They painted the barn up red.
    b.　?*They painted up the barn red.
    c.　*They painted the barn red up.　　Jackendoff (1977, 67)

文 (80) では，目的語 John の補語として a liar が生じている．この場合，不変化詞 out は，目的語とその補語の間に生起しなければならない．同様の現象が，(81) の結果構文 (⇒ 3.3.1) にも見られる．目的語とその補語の間には主語・述語の関係があり，両者は 1 つの意味単位を形成している．そこで，目的語とその補語は小節 (small clause: SC) をなし，SC は Prt^0 の補部に位置すると考えられる．したがって，(80) の基底構造は (82) である．

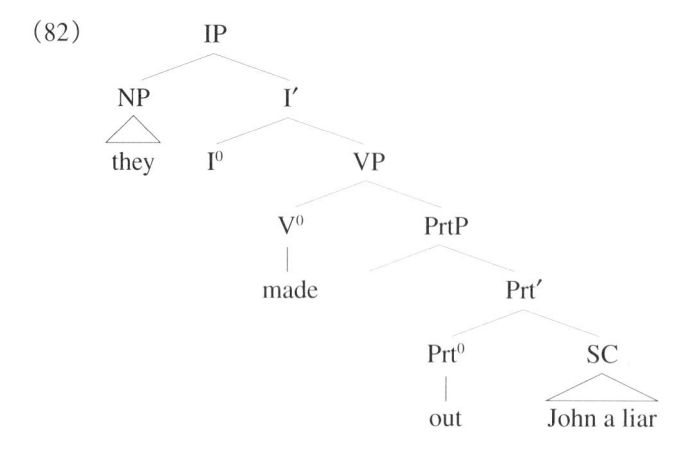

(82)
```
          IP
         /  \
        NP   I'
        |   /  \
       they I⁰  VP
                / \
              V⁰   PrtP
              |    / \
             made Prt'
                  /  \
                Prt⁰  SC
                 |   / \
                out John a liar
```

この構造の John が PrtP の指定部へ移動した場合，(80a) の文が派生する．問題は，(80b, c) の文である．(80b) は，(82) の不変化詞 out が動詞 make へ主要部移動することにより派生するが，この場合，John は動詞から格付与され，文法的になるはずである．また，(80c) は，(82) の SC が PrtP の指定部に移動することにより派生するが，この場合も，John は動詞から格付与され，文法的になるはずである．したがって，(80b, c) の非文法性を説明できない．(81b, c) についても同様な問題が存在する（この問題については，Kayne (1985), Dikken (1995) 等々を参照）．

4.4 「再分析」再考

本章の最後に，擬似受動文に適用される再分析を，主要部移動の観点から捉え直す可能性について述べよう．

3.1.3 節では，英語には，前置詞の目的語が文の主語になる擬似受動文が存在し，また，擬似受動文には再分析が適用されることを見た．再分析によると，動詞とそれに隣接する前置詞が結合し，1 つの複合動詞が形成される．その結果，前置詞の目的語は主語位置に移動する．

(83) a. __ was [$_{VP}$ [$_V$ talked] [$_{PP}$ about John] by everyone]
 b. __ was [$_{VP}$ [$_V$ talked about] John by everyone]
 c. John$_1$ was [$_{VP}$ [$_V$ talked about] t_1 by everyone]

このような再分析は，about の talked への主要部移動として考えることができる．

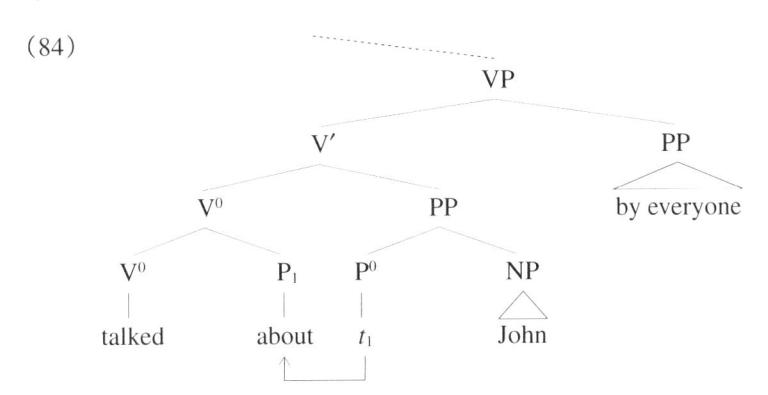

(84)
```
              VP
         ／      ＼
       V′        PP
      ／ ＼       |
     V⁰   PP   by everyone
     |   ／ ＼
     |  ／   ＼
   talked P₁  P⁰   NP
          |   |   △
        about t₁  John
          ↑___|
```

主要部移動の理由は，受動形態素 -en が前置詞の格付与能力を吸収するためである（⇒ 3.1.1）．格吸収の結果，(84) の about は John に格付与できず，John は IP 指定部に移動しなければならない．

　擬似受動文に主要部移動を仮定すると，再分析に課せられる隣接条件効果は，移動操作の帰結として説明される．隣接条件効果を示す次の対比を見よう．

(85)　a.　*This chair has been sat carelessly on.
　　　b.　This chair has been sat on carelessly.（Hudson 1989, 22）

文 (85a) では，動詞と前置詞の間に副詞が介在するので，再分析は適用されない．一方，(85b) では，動詞と前置詞が隣接するので，再分析が適用される．この対比は，主要部移動のもとでは次のように説明される．まず，(85b) を考えよう．この構造は (86) である．

(86)

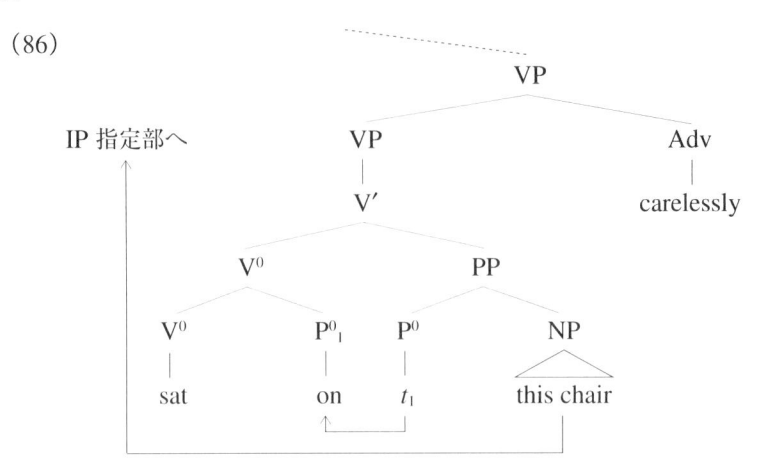

```
                              VP
       IP 指定部へ         VP              Adv
                          V′              │
                                       carelessly
                     V⁰        PP
                  V⁰   P⁰₁  P⁰   NP
                  │    │    │    △
                 sat   on   t₁  this chair
```

　この構造において，副詞が動詞句に付加し，名詞句 this chair が IP 指定部へ移動する．その結果，carelessly は文末に生じ，(85b)が派生する．これに対して，(85a)を派生するためには，主要部移動により形成された1つの句動詞内に，副詞を生起させなければならない．しかし，句動詞の内部には副詞が生起できないので，(85a)は非文となる．このように，(85)の隣接条件効果は，主要部移動の帰結として説明される．

　さらに，主要部移動を擬似受動文に仮定することにより，時，継続，方向を表す前置詞が受動動詞と再分析されない事実も，移動操作の帰結として説明される．

(87) 　a. *The first day of term was eloped on.
　　　 b. *A couple of hours were read on.
　　　 c. *The ladder was stepped up.　　　(Huddleston 1971, 95)

　これらの前置詞は，動詞の意味と直接関連しない付加詞であり，動詞の補部には存在しない．主要部移動を仮定すると，(87c)の構造は(88)である．

(88)

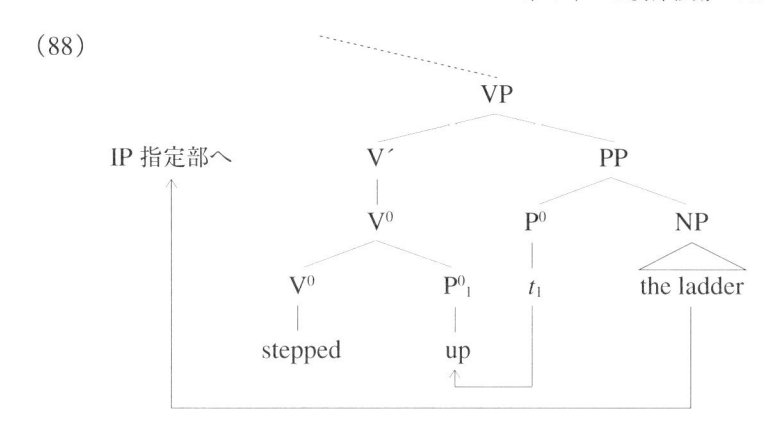

```
              VP
       ／           ＼
     V′              PP
    ／ ＼           ／ ＼
  V⁰    P⁰₁   t₁   NP
 ／ ＼                the ladder
V⁰   P⁰₁
stepped  up
```
IP 指定部へ

この構造において，前置詞句は VP に直接支配され，主要部 V⁰ よりも構造的に高い位置を占める．したがって，前置詞 up が受動動詞 stepped に主要部移動した場合，up は構造的に低い位置に移動することになる．このような構造的に低い位置への主要部移動は，次の WH 移動と同様に，許されない移動操作である．

(89) *I told t_1 [$_{CP}$ who$_1$ C⁰ [$_{IP}$ John did it]].

派生 (89) では，who が主節動詞 told の目的語位置から，埋め込みの CP 指定部へ移動しているが，構造的に低い位置への移動操作は許されない．したがって，(88) における前置詞句の主要部は動詞に移動できず，(87c) の擬似受動文は派生されない ((87a, b) についても，同様の分析が成り立つ)．このように，擬似受動文に主要部移動を仮定することにより，再分析に課せられる条件を移動操作の条件として説明することができる．

　以上，本節では，擬似受動文に適用される再分析は，主要部移動の観点から捉え直すことができることを述べた．

4.5　ま　と　め

　本章では，英語の主語・助動詞倒置現象，否定文，不変化詞構文，擬似受動文において，主要部移動が関与することを見た．主要部が移動する場

合，最も近くの主要部に移動しなければいけないが，これは構造保持制約とMLCの帰結である．さらに，wh句のような最大投射範疇の移動と同様に，構造的に低い位置への主要部移動は許されない．

第5章 ミニマリスト・プログラムにおける移動分析

生成文法において現在構築されている新しい枠組みを，ミニマリスト・プログラム（Minimalist Program）と呼ぶ．本章では，ミニマリスト・プログラムにおける移動分析の基本的な考え方を解説する．

5.1 移動の誘因

第3章でも論じたように，名詞句は格付与されるために移動する．このことは，移動操作は随意的に適用されるのではなく，移動する要素自体の特性を満たすために，義務的に適用されることを意味する．この考えを定式化したのが，次の条件である．

（1） ある要素 α は，それ自体の形態的特性を満たすために移動する．

名詞句の形態的特性の1つが格であり，格付与されるために名詞句は移動する．この条件により，次の非文が説明される．

（2） *John$_1$ seems that t_1 is an excellent student.

この非文は，t_1 の位置で格付与された John が，主節の IP 指定部に移動できないことを示している．格付与された名詞句はすでに充足しているので，それ以上移動する必要はない．したがって，John の移動は（1）に違反する．

しかしながら，移動する要素でなく，移動先の特性を考慮しなければいけないことを示す現象が存在する．次の連続的循環移動を見よう．

（3）[$_{\text{IP}}$ John$_1$ seems [$_{\text{IP}}$ t_1' to have been invited t_1]]

受動文では，動詞の補部に格付与されないので，John は格付与される位置である主節の IP 指定部へ移動しなければならない．また，名詞句が IP 指定部に移動するさいには，介在する不定詞節の IP 指定部を経由すると考えられる（⇒ 3.6.2）．しかしながら，不定詞節の IP 指定部は，格付与されない位置である．したがって，(1) によっては，John の不定詞節の IP 指定部への移動の理由が説明できない．

　この問題を解決するためには，名詞句が IP 指定部に移動する直接の要因を移動先の主要部 I^0 に求めなければならない．すなわち，時制節と同様，不定詞節の主要部 I^0 もその指定部に名詞句を必要とし，この要求を満たすために名詞句が IP 指定部に移動する，と考えるのである．この考えによると，移動操作の義務性に関する条件は，次のように述べられる．

（4）ある要素 α が主要部 H の指定部に移動できるのは，α が H の形態的特性を満たすことができる時に限られる．

この条件によると，移動先の形態的特性を満たすために，移動が適用されることになる．時制節と不定詞節の主要部 I^0 がその指定部に名詞句を要求する形態的特性を，拡大投射原理（Extended Projection Principle: EPP）素性と呼ぶ．EPP 素性を満たすために，名詞句は IP 指定部へ移動する．

　以上の点をふまえて，(2) と (3) をもう一度考えよう．まず，(3) の派生は次のようになる．

（5）[$_{\text{IP}}$ John$_1$ I^0 〈EPP〉 [$_{\text{VP}}$ seems [$_{\text{IP}}$ t_1' I^0 〈EPP〉 to [$_{\text{VP}}$ have been invited t_1]]]]

この派生では，まず，不定詞節の主要部 I^0 の EPP 素性を満たすために，John が受動動詞 invited の補部位置から，不定詞節の指定部へ移動する．次に，主節の時制節の主要部 I^0 の EPP 素性を満たすために，John が不定詞節の指定部から，主節の時制節の指定部へ移動する．John は，主節の時制節の主要部 I^0 から主格を付与される．この結果，連続的循環移動が許される．

次に，(2) の派生を考えよう．

（6） [$_{IP}$ John$_1$ I^0 ⟨EPP⟩ [$_{VP}$ seems that [$_{IP}$ t_1 I^0 ⟨EPP⟩ is [$_{VP}$ an excellent student]]]]

この派生では，主節の時制節の主要部 I^0 の EPP 素性を満たすために，John が埋め込みの時制節の指定部から，主節の時制節の指定部へ移動している．この場合，John はすでに，埋め込みの時制節の主要部 I^0 から主格を付与されているので，主節の時制節の主要部 I^0 から主格を再度付与されることはない．したがって，時制節の主要部 I^0 の主格が残り，(2) の派生は許されない．

このように，(4) を仮定することにより，(2) と (3) を統一的に説明できる．さらに，この分析は，次の多重 wh 疑問文にも有効である．

（7） I wonder [$_{CP}$ who$_1$ C^0 ⟨wh⟩ [$_{IP}$ t_1 bought what]].

この文では，埋め込み文の主語 who が，補文の疑問節の CP 指定部に移動し，目的語の what は元位置に留まっている．(7) は，移動操作の原因を移動する要素自体に求める分析にとって，問題である．なぜなら，この分析によると，wh 語句の who がその特性を満たすために，疑問節の CP 指定部へ移動すると考えられるが，同じ理由により what も移動しなければならないからである．一方，移動操作の直接の原因を移動先に求める分析によると，移動先である疑問節の CP 主要部には wh 素性が存在し，この素性の要請により，CP 指定部に who が移動すると考えられる．英語の場合，疑問節の CP 指定部に 1 つの wh 語句が存在すればよいので，what が疑問節の CP 指定部に移動する必要はない．したがって who だけが移動し，what は元位置に留まる．

以上，本節をまとめると，移動操作は，移動先の形態的特性を満たすために適用されると考えられる．この分析は，連続的循環移動や多重 wh 疑問文に対して，自然な説明を与えることができる．

5.2　存　在　文

前節では，IP 主要部の EPP 素性を満たすために，名詞句が IP 指定部

へ移動することを述べた．本節では，存在文（existential sentence）と呼ばれる構文を考察し，EPP 素性が移動操作以外の方法で満たされる場合について述べる．

5.2.1 一致操作
次の文を考えよう．

(8) a. There is a strange man in the room.
b. There are several children in the yard.

これらの文は，存在文という構文である．(8)における there は，意味内容を持たず，虚辞の there と呼ばれる．たとえば，(8a)において実際に存在する要素を示すのは，主語の there ではなく，be 動詞の後にある名詞句 a strange man である．存在文(8a)の基底構造は，次のように考えられている (Stowell 1978)．

(9) $[_{IP}$ ___ $[I^0 + is]$ $[_{VP}$ a strange man in the room$]]$

この構造では，be 動詞は名詞句 a strange man に，存在を示す意味役割を付与するが，主語位置には意味役割を付与しない．その結果，IP 指定部は空となるが，主要部 I^0 の EPP 素性を満たさなければならない．EPP 素性を満たす方法としては，VP 内にある a strange man を IP 指定部に移動する方法があるが，これ以外に，虚辞の there を IP 指定部に挿入する方法がある．後者の方法を選択した場合，次の構造が派生する．

(10) $[_{IP}$ there $[I^0 + is]$ $[_{VP}$ a strange man in the room$]]$

次に，(10)の名詞句 a strange man の格について考えよう．一般に be 動詞は，格付与能力がないと考えられているので，a strange man が VP 内部に留まるかぎり，格を持つことができない（be 動詞も格を付与するという仮説については，Belletti (1988), Lasnik (1995a) を参照）．また，IP 指定部にある there は格を持たない要素なので，時制節の主要部 I^0 の主格は残されている (Chomsky 1995)．そこで，主要部 I^0 が名詞句 a strange man の格を認可すると考えられる．この場合，a strange man は IP 指定部にはなく，主要部 I^0 と a strange man との関係は局所的ではない．このような関係にある主要部 I^0 と名詞句との間の格付与を説明するために，一致 (Agree) 操作に基づく分析が提案されている (Chomsky 2000)．

　一致操作とは，動詞と名詞句の一致関係を保証するメカニズムである (⇒ 1.2)．たとえば，(10) では，be 動詞と一致の関係にあるのは，there ではなく，動詞の直後に位置する a strange man である．この事実は，次のように説明される．主要部 I^0 には，動詞と名詞句の一致現象に関する，数，人称，性の ϕ 素性が存在し，この素性が，名詞句が基底の段階で持つ数，人称，性の ϕ 素性と，一致操作により照合 (checking) される．

(11)　[$_{IP}$ there [I^0 + is] [$_{VP}$ a strange man in the room]]
　　　　　　　　〈ϕ〉　　　　　〈ϕ〉

この照合に付随して，主要部 I^0 が名詞句 a strange man の格を認可する．その結果，a strange man は IP 指定部に移動することなく，VP 内に留まった状態で主格を主要部 I^0 より付与される．

　一致操作に基づく分析により，次の非文も説明できる．

(12)　*There seems that Mary was sick.

主節動詞 seem は繰り上げ動詞であり，主節の IP 指定部は意味役割が付与されない位置である (⇒ 3.2.1)．そのため，虚辞の there は，繰り上げ動詞 seem の主語として生起できるはずである．しかし，there は「seem + that 節補文」の主語になることはできない．この事実は，次のように説明される．主節の主要部 I^0 の ϕ 素性を照合する要素は，埋め込みの IP 指定部に位置する Mary の ϕ 素性である．

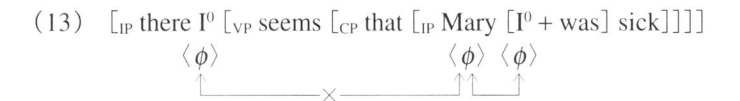

(13)　[$_{IP}$ there I^0 [$_{VP}$ seems [$_{CP}$ that [$_{IP}$ Mary [I^0 + was] sick]]]]
　　　　　　〈ϕ〉　　　　　　　　　　　〈ϕ〉〈ϕ〉

しかしながら，(13) において Mary は，埋め込みの主要部 I^0 の ϕ 素性とすでに照合関係にあり，埋め込みの I^0 から主格を付与されている．その結果，主節の I^0 は Mary に格付与できず，主節の I^0 の主格は残ってしまう．したがって，(13) の構造は許されない．

このように，存在文における主要部 I^0 の EPP 素性は，虚辞 there の挿入により満たされる．その結果，名詞句は，IP 指定部に移動することなく，主要部 I^0 から一致操作に基づいて格付与される．

5.2.2　存在文に生起可能な動詞

次に，存在文に生じる動詞のクラスについて考えよう．存在文には be 動詞のほかに，dwell, exist, hang, lie, live, remain, reside, stand のような存在を表す動詞と，appear, arise, develop, emerge, ensue, follow, grow, happen, occur, take place のような出現を表す動詞が生じる (Kimball 1973; Milsark 1974; etc.)．

(14) a. There exist several houses in the village.
　　 b. There lived an old man at the edge of the forest.
　　 c. There arose many trivial objections during the meeting.
　　 d. There ensued a riot immediately upon the reading of the riot act.

これらの動詞は，非対格動詞の一部である ($\Rightarrow$ 3.3.1)．同じ非対格動詞でも，自動詞と他動詞の両方の用法を持つ sink, break, open, close, increase などの能格動詞は，存在文に現れない．

(15) *There sunk three ships last week.　　(Haegeman 1991, 310)

be 動詞以外の動詞を持つ存在文のなかには，存在・出現を意味する非対格動詞以外に，次のように自動詞も生起する場合がある．

(16) a. There stands in the corner of the room an old file cabinet.
　　 b. There hangs on the office wall a picture of Edward Sapir.
　　 c. There stepped out in front of his car a small child.

d. There ran out of the bushes a grizzly bear.

これらの文では，意味上の主語が動詞句の外部である文末に生起している．この点において，(16) の存在文は，意味上の主語が動詞句の内部に生起している (14) の存在文とは異なる．この違いに基づき，Milsark (1974) は，(14) を「動詞句内存在文」(inside verbal existential sentence) と呼び，(16) を「動詞句外存在文」(outside verbal existential sentence) と呼んで，両者を区別している．

　動詞句外存在文の場合，動詞単独では存在あるいは出現の意味を示さないが，述部全体で存在あるいは出現を意味する．また，存在・出現を含意するかぎりにおいて，目的語を含む他動詞も述語として生起できる (Kayne 1979; Guéron 1980)．

(17) a. At this point, there hit the embankment a shell from our lines.
  b. There entered the room an indescribably malodorous breath of air.
  c. There opened the door a perfect stranger.
  d. Among the rest there overtook us a little elderly lady.

このような特徴を持つ動詞句外存在文では，VP 指定部に基底生成された主語が右方移動により VP に付加し，また，IP 指定部に there が挿入されると考えられる (Lumsden 1988)．この分析によると，(16d) の主語動詞句外存在文は，次の構造を持つ．

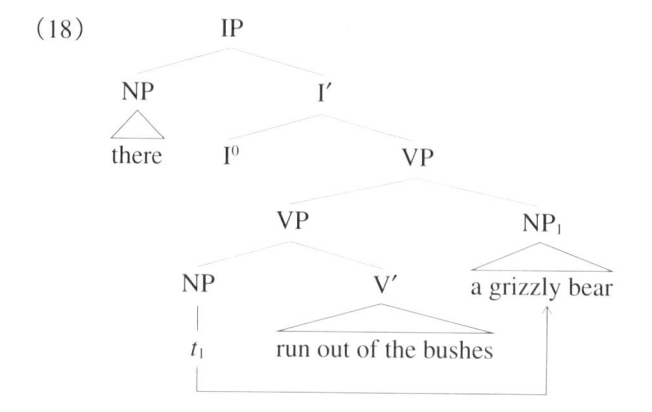

(18)
```
          IP
         /  \
        NP   I'
        |   /  \
       there I⁰  VP
                / \
              VP   NP₁
             /  \    |
            NP   V'  a grizzly bear
            |   / \
            t₁ run out of the bushes
```

5.2.3 存在文の機能

最後に，存在文の機能的側面についてふれておこう．存在文は，談話内に新しい話題を導入する機能を持つ．そのため，新たに導入される要素は新情報を担うものでなければならず，談話においてすでに言及されていたり，あるいは，聞き手にすでに知られているような旧情報であってはならない (Rando and Napoli 1978; Ward and Birner 1995)．したがって，存在文の be 動詞の後には，聞き手にとって既知であることを示す，定冠詞などによって限定された名詞句や固有名詞は，生起できない．これを定性制限 (definiteness restriction) 効果という．

(19) a. *There is the cat in front of the house.
　　 b. *There was Mary at the party.

ただし，定名詞句や固有名詞であっても，それらが聞き手にとって新情報であれば，存在文に生起できる．

(20) a. Q. What's worth visiting there?
　　　　 A. There's the park, a very nice restaurant, and the library. That's all as far as I'm concerned.
　　　　　　　　　　　(Rando and Napoli 1978, 300–301)
　　 b. A. I don't have any friends.

　　　　B.　Oh, don't be silly!　There's John and me and Susan and
　　　　　　Peggy.　　　　　　　　　(Rando and Napoli 1978, 308)

文 (20) では，be 動詞の後の名詞句が意味上，リストを形成している．この点に着目し，Rando and Napoli (1978) はこのような存在文を，リスト文と呼んでいる．彼らによれば，リスト文に生起する個々の項目は，旧情報を担う定名詞句ではあるが，リストの項目の選び方，あるいは，項目の数といったリスト自体は，新情報である．したがって，(20) のリスト文の場合，定名詞句は存在文に生起できる．

　また，リスト文以外にも，定名詞句が存在文に生起する場合がある．

（21）a.　Q.　Is there anybody in the room?
　　　　　A.　Yes, there is the teacher / Mary.
　　　b.　Q.　Who else should we invite?
　　　　　A.　Well, there are John and his mother.

文 (21a) の the teacher や Mary という人物自身は，聞き手にすでに知られている．しかし，話し手がこの文を発する時点では，聞き手は部屋のなかに誰がいるのかを知らない．それゆえ，「部屋にいる」という点は，聞き手にとって新情報である．(21b) の文についても同様である．

5.2.4　ま　と　め

　本節では，存在文における主要部 I^0 の EPP 素性は，虚辞 there の挿入によって満たされることを述べた．その結果，名詞句は，IP 指定部に移動することなく，一致操作により主要部 I^0 から格付与される．また，この構文は，動詞句内存在文と動詞句外存在文に区別され，前者に生起する動詞は，存在・出現を意味する非対格動詞の一部に限られることも見た．さらに，存在文の機能は，相手にとって新情報となるものや人の存在を知らせるための文であることも述べた．

5.3　場所句倒置構文

　本節では，場所句倒置 (Locative Inversion) 構文と呼ばれる文を考察

し，主要部 I^0 の EPP 素性が，前置詞句の移動により満たされる可能性を探る．

5.3.1　前置詞句の移動

次の文を見よう．

(22) a. The head of Mary's mother appeared over her shoulder.
　　　b. Over her shoulder appeared the head of Mary's mother.

これらの文が意味する内容はほぼ同じであるが，語順が異なる．(22a) の語順は通常の「主語−動詞−前置詞句」であるのに対し，(22b) の場合，場所を示す前置詞句と動詞が主語と倒置を引き起こし「前置詞句−動詞−主語」になっている．(22b) のような文を，場所句倒置構文と呼ぶ．(22) の動詞 appear は非対格動詞だが，非能格動詞に分類される work もこの構文に生起する．

(23) a. Two young women worked on the second floor.
　　　b. On the second floor worked two young women.

文 (22b) と (23b) において，前置詞句が VP の内部から IP 指定部に移動していることを示す，いくつかの証拠が存在する．第一の証拠は，主語・助動詞倒置に関するものである (Bowers 1976; Hoekstra and Mulder 1990)．

(24) a. Out of which barn ran a horse?
　　　b. *Out of which barn did run a horse?
　　　　　　　　　　　　　　　(Hoekstra and Mulder 1990, 32)

場所句倒置構文では，倒置された前置詞句に wh 語が含まれる場合，主語・助動詞倒置が起きず，do が挿入されない．これは，次の対比と同じである．

(25) a. Which horse ran out of the barn?
　　　b. *Which horse did run out of the barn?　　　　(*ibid.*)

(25) の対比が示すように，IP 指定部にある主語 which horse が CP 指定部に WH 移動するさい，do は挿入されない．したがって，(24) の場所句倒置構文でも，倒置された前置詞句 out of which barn は，IP 指定部から移動しているはずである．

　第二の証拠は，that 痕跡効果（*that*-trace effect）に関するものである（Bresnan 1977, 1994; Stowell 1981; Hoekstra and Mulder 1990）．that 痕跡効果とは，埋め込み文の主語が WH 移動した場合，接続詞 that が存在してはならないという現象である（⇒ 1.1）．

(26)　Which children did you say (*that) walked into the room?
(*ibid*., 33)

同様の現象が場所句倒置構文においても見られる．

(27)　Into which room did you say (*that) walked the children?
(*ibid*.)

この文では，埋め込み節が場所句倒置構文であり，場所を示す前置詞句が主節に WH 移動している．この場合も，接続詞 that を省略しなければならない．したがって，(26) の which children と同様に，(27) の into which room は埋め込み文の IP 指定部から移動していることがわかる．

　第三の証拠は，繰り上げ構文に関するものである．場所句倒置構文の前置詞句は，繰り上げ動詞である seem, appear 等々の主語になる（Postal 1977; Stowell 1981; Bresnan 1994）．

(28)　a.　Over my windowsills seems to have crawled an entire army of ants.
　　　b.　On the hill appears to be located a cathedral.
　　　c.　In this village are likely to be found the best examples of this cuisine.　　　　　　　　　(Bresnan 1994, 96)

繰り上げ構文の主語は，埋め込み不定詞節の IP 指定部から，主節の IP 指定部へ移動する（⇒ 3.2.1）．したがって，(28b) においても，前置詞句 on the hill は，VP 内部から埋め込みの IP 指定部にいったん移動し，そ

の位置から主節の IP 指定部へ再度移動する．

(29) [$_{IP}$ on the hill$_1$ [$_{VP}$ appears [$_{IP}$ t_1' to [$_{VP}$ be located a cathedral t_1]]]]

以上の証拠から，場所句倒置構文の前置詞句は，VP 内部から IP 指定部に移動していると考えられる（IP 指定部への移動を支持する解釈に関わる証拠については，中村（1996）を参照）．

5.3.2　場所句倒置構文の派生

まず，非対格動詞が生起する（22）の派生を考えよう．非対格動詞 appear の主語は，動詞の補部に基底生成される（⇒ 3.3.1）．したがって，(22) の 2 つの文は，次の基底構造を共有する．

(30) [$_{IP}$ ＿ [$_{I'}$ I^0 ⟨EPP⟩ [$_{VP}$ appeared [$_{NP}$ the head of Mary's mother] [$_{PP}$ over her shoulder]]]]

この構造において，主要部 I^0 の EPP 素性を満たすために名詞句 the head of Mary's mother が IP 指定部に移動した場合，(22a) が派生する．これに対して，(22b) は，前置詞句 over her shoulder が EPP 素性を満たすために IP 指定部に移動することにより派生する．

(31) [$_{IP}$ [$_{PP}$ over her shoulder]$_1$ [$_{I'}$ I^0 ⟨EPP⟩ [$_{VP}$ appeared [$_{NP}$ the head of Mary's mother] t_1]]]

次に，非能格動詞が生起する（23）の派生を考えよう．動詞句内主語仮説を仮定すると，(23a, b) は次の基底構造を共有する．

(32) [$_{IP}$ ＿ [$_{I'}$ I^0 [$_{VP}$ [$_{NP}$ two young women] worked [$_{PP}$ on the second floor]]]]

この構造において，名詞句 two young women が，EPP 素性を満たすために IP 指定部に移動した場合，(23a) が派生する．一方，(23b) は，前置詞句 on the second floor が IP 指定部に移動し，また，主語 two young women が右方移動して VP に付加することにより派生する．

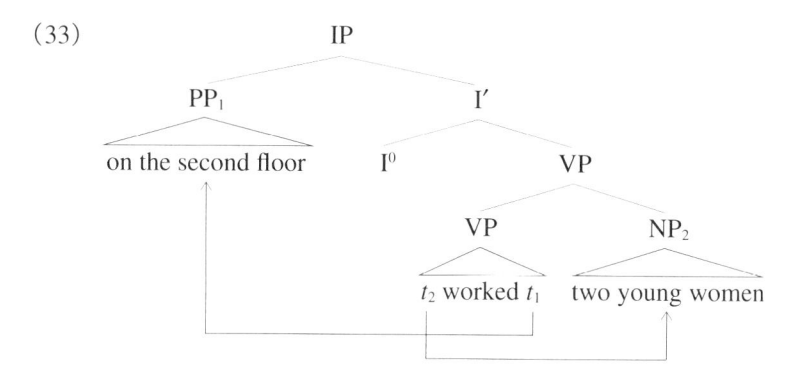

(33)
```
           IP
          /  \
        PP₁   I'
       /|\   / \
  on the   I⁰  VP
  second       / \
  floor      VP   NP₂
            /|\   /|\
          t₂ worked t₁  two young women
```

派生構造 (31) と (33) では，IP 指定部に位置する前置詞句は格を必要としないので，主要部 I^0 には主格が残されている．また，場所句倒置構文の動詞は，動詞の直後にある名詞句と一致の関係にある．

(34) a. In the swamp was / *were found a child.
b. In the swamp were / *was found two children.
(Bresnan 1994, 95)

したがって，場所句倒置構文における名詞句の格は，動詞と名詞句の一致関係を保証する一致操作に基づいて認可されると考えられる．

(35) [IP [PP over her shoulder]₁ [I' I⁰ [VP appeared [NP the head of Mary's mother] t₁]]]
⟨φ⟩ ⟨φ⟩

この構造では，主要部 I^0 が持つ動詞と名詞句の一致現象に関する，数，人称，性の φ 素性と，名詞句が基底の段階で持つ数，人称，性の φ 素性が，一致操作によって照合される．この照合に付随して，主要部 I^0 が名詞句 the head of Mary's mother の格を認可する．その結果，the head of Mary's mother は，IP 指定部に移動することなく，VP 内に留まった状態で主格を付与される．(33) の構造についても同様である．

5.3.3 場所句倒置構文に生起する動詞

最後に,場所句倒置構文に生起する動詞のクラスについて見よう. (22) と (23) では,それぞれ非対格動詞 appear と非能格動詞 work が現れているが,すべての非対格動詞と非能格動詞がこの構文に生起可能なわけではない. 非対格動詞の例を示したのが, (36) と (37) である.

(36) a. From such optical tricks *arise* all the varieties of romantic hallucination . . .
b. At night, under the lights, and the rapt presence of forty or fifty guards in the corners and the corridors and the bus debarkation point, *existed* that stricken awareness of a dire event to which the air itself can seem to be sensitive.
(Levin and Rappaport Hovav 1995, 220)

(37) a. *On the top floor of the skyscraper *broke* many windows.
b. *On the streets of Chicago *melted* a lot of snow.
(Levin and Rappaport Hovav 1995, 224)

非対格動詞のうち,出現を示す (36a) の arise, 存在を示す (36b) の exist は,この場所句倒置構文に生起可能だが,状態変化を示す (37) の動詞は,この構文に生起できない. 一方,非能格動詞の例を示したのが (38) と (39) である.

(38) a. . . . around them *chattered* and *sang* as many girls with the silver spadella stuck through their black tresses . . .
b. On the third floor *worked* two young women called Maryanne Thomson and Ava Brent, who . . .
(Levin and Rappaport Hovav 1995, 224)

(39) a. *At the supermarket on Main St. *shop* local residents.
b. *In the nursery *smile* half a dozen newborn babies.
(Levin and Rappaport Hovav 1995, 222)

このように,場所句倒置構文に生起可能な動詞には制限がある. この事実は,場所句倒置構文の持つ提示的機能 (presentative function) に関連

する (Levin and Rappaport Hovav 1995). すなわち，この構文は，文頭に比較的古い情報を置くことにより舞台を設定し，その舞台に新しい情報を提示する機能を持つ．したがって，この構文に現れる動詞は，提示的機能に合致した，情報的に軽い (informationally light) 内容を持つ動詞に限られる．情報的に軽い動詞の典型例が，出現・存在を示す (36) の非対格動詞である．また，(38) の非能格動詞は，文脈上，動詞の情報量が少ないと考えられる．たとえば，(38b) の work は，働くという行為よりも，働くことによりその場所に存在するという意味のほうが強い．これに対して，状態変化を示す (37) の非対格動詞は，談話上新しい情報を含み，場所句倒置構文の提示的機能にそぐわない．また，(39) の非能格動詞も，動詞が本来持つ行為の意味が強く，情報的に重いので，場所句倒置構文の提示的機能に合致しない．したがって，(37) や (39) の場所句倒置構文は許されない(場所句倒置構文に生じる動詞のより詳しい分析については，Nakajima (2001) を参照).

5.3.4 ま と め

以上，本節では，場所句倒置構文における主要部 I^0 の EPP 素性は，前置詞句の移動により満たされることを述べた．その結果，文末に生じる主語の格は，一致操作により認可される．また，この構文に生起する動詞は，情報的に軽い動詞に限られることも見た．

5.4 ま と め

本章では，ミニマリスト・プログラムにおける移動分析の基本的な考え方について述べた．この分析によると，ある要素 α が機能範疇 H の指定部へ移動する原因は，α ではなく，H の形態的特性を満たすためである．名詞句移動の場合，主要部 I^0 の EPP 素性を満たすために，名詞句は IP 指定部へ移動する．また，存在文と場所句倒置構文における I^0 の EPP 素性は，それぞれ虚辞 there の挿入と前置詞句の移動により満たされる．その結果，名詞句は IP 指定部へ移動する必要はなく，VP 内に留まった名詞句の格は，I^0 との一致操作により認可される．

参 考 文 献

Ackema, Peter and Maaike Schoorlemmer (1994) "The Middle Construction and the Syntax-Semantics Interface," *Lingua* 93, 59–90.
Akmajian, Adrian (1970) "On Deriving Cleft Sentences from Pseudo-Cleft Sentences," *Linguistic Inquiry* 1, 149–168.
Akmajian, Adrian, Susan M. Steele, and Thomas Wasow (1979) "The Category AUX in Universal Grammar," *Linguistic Inquiry* 10, 1–64.
Aoun, Joseph and Dominique Sportiche (1983) "On the Formal Theory of Government," *The Linguistic Review* 2, 211–236.
Bach, Emmon and George M. Horn (1976) "Remarks on 'Conditions on Transformations'," *Linguistic Inquiry* 7, 265–299.
Baker, Mark (1988) *Incorporation: A Theory of Grammatical Function Changing*, University of Chicago Press, Chicago.
Baker, Mark, Kyle Johnson, and Ian Roberts (1989) "Passive Arguments Raised," *Linguistic Inquiry* 20, 219–251.
Baltin, Mark R. (1982) "A Landing Site Theory of Movement Rules," *Linguistic Inquiry* 13, 1–38.
Belletti, Adriana (1988) "The Case of Unaccusatives," *Linguistic Inquiry* 19, 1–34.
Belletti, Adriana and Luigi Rizzi (1989) "Psych-Verbs and θ-theory," *Natural Language & Linguistic Theory* 6, 291–352.
Berman, Arlene (1974) *Adjectives and Adjective Complement Constructions in English*, Doctoral dissertation, Harvard University.
Besten, Hans den (1983) "On the Interaction of Root Transformations and Lexical Deletive Rules," *On the Formal Syntax of Westgermanica*, ed. by Werner Abraham, 47–131, John Benjamins, Amsterdam.
Bobaljik, Jonathan David (1994) "What Does Adjacency Do?" *MIT Working Papers in Linguistics* 22: *The Morphology-Syntax Connection*, ed. by Heidi Harley and Colin Phillips, 1–32, Department of Linguistics

and Philosophy, MIT, Cambridge, MA.

Bolinger, Dwight (1977) *Meaning and Form*, Longman, London/New York.

Bowers, John S. (1976) "On the Surface Structure Grammatical Relations and the Structure-Preserving Hypothesis," *Linguistic Analysis* 2, 225–242.

Bresnan, Joan (1977) "Variables in the Theory of Transformations," *Formal Syntax*, ed. by Peter W. Culicover, Thomas Wasow, and Adrian Akmajian, 157–196, Academic Press, New York.

Bresnan, Joan (1994) "Locative Inversion and the Architecture of Universal Grammar," *Language* 70, 72–131.

Browning, Margaret (1987) *Null Operator Constructions*, Doctoral dissertation, MIT.

Burton, Strang and Jane Grimshaw (1992) "Coordination and VP-internal Subjects," *Linguistic Inquiry* 23, 305–313.

Burzio, Luigi (1986) *Italian Syntax: A Government and Binding Approach*, Reidel, Dordrecht.

Carrier, Jill and Janet H. Randall (1992) "The Argument Structure and Syntactic Structure of Resultatives," *Linguistic Inquiry* 23, 173–234.

Chomsky, Noam (1964) "Current Issues in Linguistic Theory," *The Structure of Language*, ed. by Jerry A. Fodor and Jerrold J. Katz, 50–118, Prentice-Hall, Englewood Cliffs, NJ.

Chomsky, Noam (1968) *Language and Mind*, Harcourt Brace Jovanovich, New York.

Chomsky, Noam (1973) "Conditions on Transformations," *A Festschrift for Morris Halle*, ed. by Stephen R. Anderson and Paul Kiparsky, 232–286, Holt, Rinehart and Winston, New York. [Reprinted in *Essays on Form and Interpretation*, 1977, 81–160, North-Holland, New York]

Chomsky, Noam (1977) "On Wh-movement," *Formal Syntax*, ed. by Peter W. Culicover, Thomas Wascow, and Adrian Akmajian, 71–132, Academic Press, New York.

Chomsky, Noam (1981) *Lectures on Government and Binding*, Foris, Dordrecht.

Chomsky, Noam (1982) *Some Concepts and Consequences of the Theory of Government and Binding*, MIT Press, Cambridge, MA.
Chomsky, Noam (1986a) *Barriers*, MIT Press, Cambridge, MA.
Chomsky, Noam (1986b) *Knowledge of Language: Its Nature, Origin and Use*, Praeger, New York.
Chomsky, Noam (1995) *The Minimalist Program*, MIT Press, Cambridge, MA.
Chomsky, Noam (1998) *MIT Working Occasional Papers in Linguistics* 15: *Minimalist Inquiries: The Framework*, MIT Press, Cambridge, MA.
Chomsky, Noam (2000) "Minimalist Inquiries: The Framework," *Step by Step: Essays on Minimalist Syntax in Honor of Howard Lasnik*, ed. by Roger Martin, David Michaels, and Juan Uriagereka, 89–155, MIT Press, Cambridge, MA.
Chomsky, Noam (2001) "Derivation by Phase," *Ken Hale: A Life in Language*, ed. by Michael Kenstowicz, 1–52, MIT Press, Cambridge, MA.
Chomsky, Noam and Howard Lasnik (1993) "The Theory of Principles and Parameters," *Syntax: An International Handbook of Contemporary Research*, ed. by Joachim Jacobs, Arnim von Stechow, Wolfgang Sternefeld, and Theo Vennemann, 506–569, Walter de Gruyter, Berlin. [Reprinted in *The Minimalist Program*, 1995, 13–127, MIT Press, Cambridge, MA.]
Cinque, Guglielmo (1990) *Types of A′-Dependencies*, MIT Press, Cambridge, MA.
Clark, Robin (1990) *Thematic Theory in Syntax and Interpretation*, Routledge, London.
Collins, Chris (1997) *Local Economy*, MIT Press, Cambridge, MA.
Contreras, Helles (1993) "On Null Operator Structures," *Natural Language and Linguistic Theory* 11, 1–30.
Culicover, Peter W. (1976) *Syntax*, Academic Press, New York.
Culicover, Peter W. (1981) *Negative Curiosities*, Indiana University Linguistics Club, Bloomington.
Culicover, Peter W. (1991) "Topicalization, Inversion, and Complemen-

tizers in English," ms., Ohio State University. [Reprinted in *Going Romance and Beyond*, ed. by Dennis Delfitto, 1992, University of Utrecht]

Culicover, Peter W. (1996) "On Distinguishing A-bar Movements," *Linguistic Inquiry* 27, 445–463.

Dikken, Marcel den (1995) *Particles: On the Syntax of Verb-Particle, Triadic, and Causative Constructions*, Oxford University Press, New York/Oxford.

Emonds, Joseph E. (1976) *A Transformational Approach to English Syntax: Root, Structure-Preserving, and Local Transformations*, Academic Press, New York.

Emonds, Joseph E. (1978) "The Verbal Complex V'-V in French," *Linguistic Inquiry* 9, 151–175.

Engdahl, Elisabet (1983) "Parasitic Gaps," *Linguistics and Philosophy* 6, 5–34.

Epstein, Samuel D. and Norbert Hornstein, eds. (1999) *Working Minimalism*, MIT Press, Cambridge, MA.

Erteschik-Shir, Nomi (1998) "The Syntax-Focus Structure Interface," *Syntax and Semantics* 29: *The Limits of Syntax*, ed. by Peter W. Culicover and Louise McNally, 211–240, Academic Press, New York.

Fagan, Sarah, M.B. (1988) "The English Middle," *Linguistic Inquiry* 19, 181–203.

Fagan, Sarah, M.B. (1992) *The Syntax and Semantics of Middle Constructions*, Cambridge University Press, Cambridge.

Fiengo, Robert (1980) *Surface Structure: The Interface of Autonomous Components*, Harvard University Press, Cambridge, MA.

Frampton, John (1991) "Relativized Minimality: A Review," *The Linguistic Review* 8, 1–46.

Fukui, Naoki and Margaret Speas (1986) "Specifiers and Projections," *MIT Working Papers in Linguistics* 8: *Papers in Theoretical Linguistics*, ed. by Naoki Fukui, Tova R. Rapoport, and Elizabeth Sagey, 128–172, Department of Linguistics and Philosophy, MIT, Cambridge, MA.

Guéron, Jacqueline (1980) "On the Syntax and Semantics of PP Extraposition," *Linguistic Inquiry* 11, 637–678.

Gundel, Jeanette K. (1974) *Role of Topic and Comment in Linguistic Theory*, Doctoral dissertation, University of Texas at Austin. [Reprinted by Indiana University Linguistics Club, Bloomington, 1977]

Haegeman, Liliane (1991) *Introduction to Government and Binding Theory*, Blackwell, Oxford.

Haegeman, Liliane and Jacqueline Guéron (1999) *English Grammar: A Generative Perspective*, Blackwell, Oxford.

Hale, Kenneth and Samuel Jay Keyser (1988) "Explaining and Constraining the English Middle," *MIT Lexicon Project Working Papers* 24: *Studies in Generative Approaches to Aspect*, ed. by Carol Tenny, 41–58, Center for Cognitive Science, MIT, Cambridge, MA.

Hale, Kenneth and Samuel Jay Keyser (1993) "On Argument Structure and the Lexical Expression of Syntactic Relations," *The View from Building 20*, ed. by Kenneth Hale and Samuel Jay Keyser, 53–109, MIT Press, Cambridge, MA.

Halle, Morris and Alec Marantz (1993) "Distributed Morphology and the Pieces of Inflection," *The View from Building 20*, ed. by Kenneth Hale and Samuel Jay Keyser, 111–176, MIT Press, Cambridge, MA.

Hankamer, Jorge (1971) *Constraints on Deletion in Syntax*, Doctoral dissertation, Yale University. [Reprinted by Garland, New York, 1979]

Henry, Alison (1995) *Belfast English and Standard English*, Oxford University Press, New York / Oxford.

Hoekstra, Teun and René Mulder (1990) "Unergatives as Copular Verbs: Locational and Existential Predication," *The Linguistic Review* 7, 1–79.

Hooper, Joan B. and Sandra A. Thompson (1973) "On the Applicability of Root Transformations," *Linguistic Inquiry* 4, 465–497.

Hornstein, Norbert (1995) *Logical Form: From GB to Minimalism*, Blackwell, Oxford.

Hornstein, Norbert and Amy Weinberg (1981) "Case Theory and Preposition Stranding," *Linguistic Inquiry* 12, 55–91.

Huang, C.-T. James (1982) *Logical Relations in Chinese and the Theory of Grammar*, Doctoral dissertaiton, MIT.

Huang, C.-T. James (1993) "Reconstruction and the Structure of VP: Some Theoretical Consequences," *Linguistic Inquiry* 24, 103–138.

Huddleston, Rodney D. (1971) *The Sentences in Written English: A Syntactic Study Based on an Analysis of Scientific Texts*, Cambridge University Press, Cambridge.

Huddleston, Rodney D. (1984) *Introduction to the Grammar of English*, Cambridge University Press, Cambridge.

Hudson, Richard (1989) "English Passives, Grammatical Relations and Default Inheritance," *Lingua* 79, 17–48.

今井邦彦・中島平三 (1978)『現代の英文法 5: 文 II』研究社, 東京.

Iwakura, Kunihiro (1980) "On Wh-Movement and Constraints on Rules," *Linguistic Analysis* 6, 53–95.

Jackendoff, Ray (1977) *X' Syntax: A Study of Phrase Structure*, MIT Press, Cambridge, MA.

Jacobson, Pauline (1990) "Raising as Function Composition," *Linguistics and Philosophy* 13, 423–475.

Jaeggli, Osvaldo A. (1986) "Passive," *Linguistic Inquiry* 17, 587–622.

Jespersen, Otto (1933) *Essentials of English Grammar*, George Allen and Unwin, London.

Jespersen, Otto (1937) *A Modern English Grammar*, Part VII, George Allen and Unwin, London.

Jones, Charles (1991) *Purpose Clauses: Syntax, Thematics, and Semantics of English Purpose Constructions*, Kluwer, Dordrecht.

影山太郎 (1996)『動詞意味論』くろしお出版, 東京.

Kayne, Richard S. (1979) "Rightward NP Movement in French and English," *Linguistic Inquiry* 10, 710–719.

Kayne, Richard S. (1981a) "ECP Extensions," *Linguistic Inquiry* 12, 93–133.

Kayne, Richard S. (1981b) "On Certain Difference between French and English," *Linguistic Inquiry* 12, 349–371. [Reprinted in *Connectedness and Binary Branching*, 1984, Foris, Dordrecht]

Kayne, Richard S. (1984) *Connectedness and Binary Branching*, Foris, Dordrecht.

Kayne, Richard S. (1985) "Principles of Particle Constructions," *Gram-

matical Representation, ed. by Jacqueline Guéron, H.-G. Obenauer, and Jean-Yves Pollock, 101–140, Foris, Dordrecht.

Keyser, Samuel Jay and Thomas Roeper (1984) "On the Middle and Ergative Constructions in English," *Linguistic Inquiry* 15, 381–416.

Kimball, John P. (1973) "The Grammar of Existence," *CLS* 9, 262–270.

Kitagawa, Yoshihisa (1986) *Subjects in Japanese and English*, Doctoral dissertation, University of Massachusetts.

Klima, Edward S. (1964) "Negation in English," *The Structure of Language: Readings in the Philosophy of Language*, ed. by Jerry A. Fodor and Jerrold J. Katz, 246–323, Prentice-Hall, Englewood Cliffs, NJ.

Koopman, Hilda and Dominique Sportiche (1991) "The Position of Subjects," *Lingua* 85, 211–258.

Kuroda, S.-Y. (1988) "Whether We Agree or Not: A Comparative Syntax of English and Japanese," *Lingvisticae Investigationes* 12, 1–47. [Reprinted in *Japanese Syntax and Semantics*, 1992, 315–357, Kluwer, Dordrecht/Boston/London]

Laka, Itziar (1990) *Negation in Syntax: On the Nature of Functional Categories and Projections*, Doctoral dissertation, MIT.

Lasnik, Howard (1995a) "Case and Expletives Revisited: On Greed and Other Human Failings," *Linguistic Inquiry* 26, 615–633. [Reprinted in *Minimalist Analysis*, 1999, 74–96, Blackwell, Oxford]

Lasnik, Howard (1995b) "Verbal Morphology: Syntactic Structures Meet the Minimalist Program," *Evolution and Revolution in Linguistic Theory*, ed. by Hécor Campos and Paula Kempchinsky, 251–275, Georgetown University Press, Washington, D.C. [Reprinted in *Minimalist Analysis*, 1999, 97–119, Blackwell, Oxford]

Lasnik, Howard and Juan Uriagereka (1988) *A Course in GB Syntax*, MIT Press, Cambridge, MA.

Lasnik, Howard and Mamoru Saito (1984) "On the Nature of Proper Government," *Linguistic Inquiry* 15, 235–289.

Lasnik, Howard and Mamoru Saito (1992) *Move α: Conditions on Its Application and Output*, MIT Press, Cambridge, MA.

Lasnik, Howard and Robert Fiengo (1974) "Complement Object Deletion," *Linguistic Inquiry* 5, 535–571.

Levin Beth and Malka Rappaport Hovav (1986) "The Formation of Adjectival Passives," *Linguistic Inquiry* 17, 623–661.
Levin, Beth and Malka Rappaport Hovav (1995) *Unaccusativity: At the Syntax-Lexical Semantics Interface*, MIT Press, Cambridge, MA.
Liberman, Mark (1975) "On Conditioning the Rule of Subj.-Aux Inversion," *NELS* 5, 77–91.
Lumsden, Michael (1988) *Existential Sentences: Their Structure and Meaning*, Croom Helm, London.
Manzini, Maria Rita (1992) *Locality: A Theory and Some of Its Empirical Consequences*, MIT Press, Cambridge, MA.
Manzini, Maria Rita (1998) "A Minimalist Theory of Weak Islands," *Syntax and Semantics* 29: *The Limits of Syntax*, ed. by Peter W. Culicover and Louise McNally, 185–209, Academic Press, New York.
Martin, Roger (2001) "Null Case and the Distribution of PRO," *Linguistic Inquiry* 32, 141–166.
Martin, Roger, David Michaels, and Juan Uriagereka, eds. (2000) *Step by Step*, MIT Press, Cambridge, MA.
丸田忠雄 (1998)『使役動詞のアナトミー』松柏社, 東京.
May, Robert (1985) *Logical Form: Its Structure and Derivation*, MIT Press, Cambridge, MA.
McCawley, James D. (1998) *The Syntactic Phenomena of English* (2nd edition), Chicago University Press, Chicago.
McCloskey, James (1991) "Clause Structure, Ellipsis, and Proper Government in Irish," *Lingua* 85, 259–302.
McNally, Louise (1992) "VP Coordination and the VP-internal Subject Hypothesis," *Linguistic Inquiry* 23, 336–341.
Milsark, Gary L. (1974) *Existential Sentences in English*, Doctoral dissertation, MIT. [Published by Garland, New York, 1979]
村木正武・斎藤興雄 (1978)『現代の英文法2: 意味論』研究社, 東京.
村田勇三郎 (1982)『機能英文法』大修館書店, 東京.
Nakajima, Heizo (1985–1986) "Three Empty Category Principles as Licensing Conditions on Binding Paths," *The Linguistic Review* 5, 223–245.
Nakajima, Heizo (1991) "Binding Path and Dependent Categories," *Cur-*

rent English Linguistics in Japan, ed. by Heizo Nakajima, 289–344, Mouton de Gruyter, Berlin.

Nakajima, Heizo (2001) "Verbs in Locative Constructions and the Generative Lexicon," The Linguistic Review 18, 43–67.

中村　捷 (1996)『束縛関係: 代用表現と移動』ひつじ書房, 東京.

Nakamura, Masaru (2000) "A Strong Thesis of the Computational Component," Explorations in English Linguistics 15, 1–46, Tohoku University.

Nanni, Deborah L. (1978) The Easy Class of Adjectives in English, Doctoral dissertation, University of Massachusetts.

Oba, Yukio (1984) "On Preposition Stranding in Noun Phrases," English Linguistics 1, 45–66.

Oba, Yukio (1992) "X′ Convention and Extended Minimality," English Linguistics 9, 21–38.

大庭幸男 (1998)『英語構文研究』英宝社, 東京.

Oba, Yukio (2000) "Island Phenomena and Search Spaces of a Probe," Linguistic Analysis 30. 1–2, 67–92.

Perlmutter, David (1978) "Impersonal Passives and the Unaccusative Hypothesis," BLS 4, 157–189.

Perlmutter, David and Paul M. Postal (1984) "The 1-Advancement Exclusiveness Law," Studies in Relational Grammar 2, ed. by David Perlmutter and Carol Rosen, 81–125, University of Chicago Press, Chicago.

Pesetsky, David M. and Esther Torrego (2000) "T-to-C Movement: Causes and Consequences," ms., MIT and University of Massachusetts.

Pollock, Jean-Yves (1989) "Verb Movement, Universal Grammar, and the Structure of IP," Linguistic Inquiry 20, 365–424.

Postal, Paul M. (1971) Cross-Over Phenomena, Holt, Rinehart and Winston, New York.

Postal, Paul M. (1974) On Raising: One Rule of English Grammar and Its Theoretical Implications, MIT Press, Cambridge, MA.

Postal, Paul M. (1977) "About a 'Nonargument' for Raising," Linguistic Inquiry 8, 141–154.

Postal, Paul M. (1994) "Parasitic and Pseudoparasitic Gaps," Linguistic

Inquiry 25, 63–117.

Postal, Paul M. (1998) *Three Investigations of Extraction*, MIT Press, Cambridge, MA.

Prince, Ellen F. (1981) "Topicalization, Focus-Movement, and Yiddish-Movement: A Pragmatic Differentiation," *BLS* 7, 249–264.

Quirk, Randolph, Sidney Greenbaum, Geoffrey Leech, and Jan Svartvik (1985) *A Comprehensive Grammar of the English Language*, Longman, London.

Radford, Andrew (1997) *Syntax: A Minimalist Introduction*, Cambridge University Press, Cambridge.

Rando, Emily and Donna Jo Napoli (1978) "Definites in There-Sentences," *Language* 54, 300–314.

Richards, Norvin (1999) "Dependency Formation and Directionality of Tree Construction," ms., MIT.

Riemsdijk, Henk C. van and Edwin Williams (1986) *Introduction to the Theory of Grammar*, MIT Press, Cambridge, MA.

Rizzi, Luigi (1990) *Relativized Minimality*, MIT Press, Cambridge, MA.

Rizzi, Luigi (1997) "The Fine Structure of the Left Periphery," *Elements of Grammar: Handbook of Generative Syntax*, ed. by Liliane Haegeman, 281–337, Kluwer Academic Publishers, Dordrecht.

Roberts, Ian (1987) *The Representation of Implicit and Dethematized Subjects*, Foris, Dordrecht.

Roberts, Ian (1998) "Have/be Raising, Move F, and Procrastinate," *Linguistic Inquiry* 29, 113–125.

Rochemont, Michael Shaun (1978) *A Theory of Stylistic Rules in English*, Doctoral dissertation, University of Massachusetts.

Ross, John Robert (1967) *Constraints on Variables in Syntax*, Doctoral dissertation, MIT. [Reprinted by Indiana University Linguistics Club, Bloomington, 1968]

Ross, John Robert (1986) *Infinite Syntax!*, Ablex Press, Norwood.

島　越郎 (1999)「付加詞併合の非循環適用」黒田成幸・中村捷編『言葉の核と周辺：日本語と英語の間』くろしお出版, 東京.

Simpson, Jane (1983) "Resultatives," *Papers in Lexical-Functional Grammar*, ed. by Lori Levin, Malka Rappaport Hovav and Annie Zaenen,

143–157, Indiana University Linguistics Club, Bloomington.
Stowell, Timothy (1978) "What Was There before There Was There," *CLS* 14, 458–471.
Stowell, Timothy (1981) *The Origins of Phrase Structure*, Doctoral dissertation, MIT.
Stowell, Timothy (1982) "The Tense of Infinitives," *Linguistic Inquiry* 13, 561–570.
Stroik, Thomas (1992) "Middles and Movement," *Linguistic Inquiry* 23, 127–137.
Stroik, Thomas (1996) *Minimalism, Scope, and VP Structure*, SAGE, Thousand Oaks.
高見健一 (1997)『機能的統語論』くろしお出版, 東京.
Taraldsen, Knut Tarald (1981) "The Theoretical Interpretation of a Class of «Marked» Extraction," *Theory of Markedness in Generative Grammar*, ed. by Adrian Belletti, Luciana Brandi, and Luigi Rizzi, 415–516, Scuola Normale Superiore di Pisa, Pisa.
Tenny, Carol Lee (1992) "The Aspectual Interface Hypothesis," *Lexical Matters*, ed. by Ivan A. Sag and Anna Szabolcsi, 1–27, CSLI Publications, Stanford.
Travis, Lisa (1984) *Parameters and Effects of Word Order Variation*, Doctoral dissertation, MIT.
Travis, Lisa (1991) "Parameters of Phrase Structure and Verb-Second Phenomena," *Principles and Parameters in Comparative Grammar*, ed. by Robert Freidin, 339–364, MIT Press, Cambridge, MA.
Uriagereka, Juan (1999) "Minimal Restrictions on Basque Movement," *Natural Language & Linguistic Theory* 17, 403–444.
van Oosten, Jeanne (1977) "Subjects and Agenthood in English," *Papers from the Thirteenth Regional Meeting, Chicago Linguistic Society*, 459–471, Chicago Linguistic Society, University of Chicago, Chicago.
Vikner, Sten (1995) *Verbal Movement and Expletive Subjects in the Germanic Language*, Oxford University Press, New York / Oxford.
Vukić, Sasa (1998) "On *Attract F* and the Minimal Link Condition," *Linguistic Analysis* 28: 3–4, 185–226.

Ward, Gregory and Betty Birner (1995) "Definiteness and the English Existential," *Language* 71, 722–742.
Wasow, Thomas (1977) "Transformations and the Lexicon," *Formal Syntax*, ed. by Peter W. Culicover, Thomas Wasow, and Adrian Akmajian, 327–360, Academic Press, New York.
Watanabe, Akira (1996) *Case Absorption and WH-Agreement*, Kluwer, Dordrecht/Boston/London.
Zanuttini, Raffarella (1991) *Syntactic Properties of Sentential Negation: A Comparative Study of Romance Languages*, Doctoral dissertation, University of Pennsylvania.

索　　引

あ　行
一致（Agree）　9, 13
一致操作　173
一般化された随伴（generalized pied-piping）　11
移動（Move）　9
意味役割　97, 125, 129

か　行
外項（external argument）　97, 107
格（Case）　98, 161, 169
核機能範疇（core functional category）　10
拡大投射原理（Extended Projection Principle: EPP）素性　170
核範疇（core category）　90
格フィルター（Case Filter）　98, 129
下接　66
下接の条件（Subjacency Condition）　4, 55
可読条件（legibility condition）　9
擬似受動文（pseudo-passive）　102, 116, 164
記述的妥当性　3
寄生空所（parasitic gap）　29
寄生空所構文　28
機能範疇 PolP（Polarity Phrase）　47
空所化（gapping）　159
空範疇　32
空範疇原理（Empty Category Principle）　60, 71
句構造規則　2
屈折要素　139
句動詞（phrasal verb）　159
繰り上げ（raising）構文　109, 132, 179
継承障壁　65
形容詞的受動文（adjectival passive）　107, 116
結果構文（resultative construction）　117, 120
欠陥要素介在制約（Defective Intervention Constraints: DIC）　85
厳格な最小性（rigid minimality）　75
項（argument）　95
項位置　95
項位置への移動（A-movement）　1
構成素否定（constituent negation）　44
合成連鎖　34
構造記述（Structural Description: SD）　2
構造変化（Structural Change: SC）　2
構造保持制約（Structure-Preserving Constraint）　7, 141
構造保持変形　26
固有障壁　65
痕跡（trace: *t*）　96
コントローラー（controller）　114
コントロール動詞　114, 131
根変形　18

さ　行
再帰代名詞（reflexive）　126
最小性条件（Minimality Condition）　6, 73
最小追従原理（Principle of Minimal Compliance: PMC）　89
最小連結条件（MLC）　12, 130, 141

再調整規則（readjustment rule） 57
再分析（reanalysis） 102, 164
支え語 do 136, 142, 149
指示的 θ 役割（referential θ role） 76
指示的指標（referential index） 75
時制文条件（Tensed-S Condition） 5
指定主語条件（Specified Subject Condition） 4, 56
指定部（Specifier: SPEC） 65
島の現象 78
島の制約（Island Constraints） 3, 17, 52
主格（Nominative Case） 98
主語・助動詞倒置（Subject-Auxiliary Inversion: SAI） 135
主語条件（Subject Condition） 5, 56
受動形態素 -en 97
受動文 95
主要部位置への移動 1
純粋な併合（Pure Merge） 10
上位範疇優先の原理（A-over-A Principle） 3, 50
照応形（anaphor） 126
照合（checking） 173
小節（small clause） 163
収束（converge） 9
焦点の話題化（focus topicalization） 15
焦点配置（focus placement） 26
障壁 65
叙実の島（factive island） 78
真の空所（real gap） 29
接辞（affix） 139
説明的妥当性 4
ゼロ格（Null Case） 131
先行詞統率 76
相互代名詞（reciprocal） 126
相対的最小性（relativized minimality） 7, 75
束縛原理（A）（binding principle (A)） 127

阻止範疇（blocking category） 64
素性牽引（Attract F） 12
素性の探査領域 84
存在文 172

た 行
対格（Accusative Case） 98
探針（probe） 79
探針と目標のシステム（Probe-Goal System） 13, 79
中間構文（middle construction） 120
強い島 78
提示的機能（presentative function） 182
定性制限（definiteness restriction）効果 176
適正統率 60, 70
等位構造 53
等位構造制約（Coordinate Structure Constraint: CSC） 53, 125
動作主（agent） 97, 121
動詞句外存在文（outside verbal existential sentence） 175
動詞句内主語仮説（VP-internal Subject Hypothesis） 124
動詞句内存在文（inside verbal existential sentence） 175
動詞第 2 要素（Verb Second: V^2）現象 147
動詞的受動文（verbal passive） 107
統率 60
取り出し領域条件（Condition on Extraction Domain） 61

な 行
内項（internal argument） 97, 107
内部否定の島（inner island） 78
能格動詞（ergative verb） 119, 174

は 行
排除（exclusion） 66

端 (edge) 80
場所句倒置構文 177
破綻 9
非局所的繰り上げ (super-raising) 130
非項位置への移動 (A'-movement) 1
非対格動詞 (unaccusative verb) 115, 174, 181
非対格動詞構文 121
左枝分かれ条件 (Left Branch Condition) 53
否定極性要素 (negative polarity item: NPI) 43
否定前置構文 43
被動作主 (patient) 97
被動性条件 (Affectedness Condition) 123
非能格動詞 (unergative verb) 115, 181
フェイズ (phase) 13, 80
フェイズ不可侵条件 (Phase-Impenetrability Condition: PIC) 13, 80
付加詞 (Adjunct) 5, 65, 104
付加詞条件 (Adjunct Condition) 5
複合名詞句制約 (Complex NP Constraint) 52
不変化詞 (particle) 155
文主語制約 (Sentential Subject Constraint) 54
文否定 (sentence negation) 43
分裂外置 (cleft extraposition) 25
分裂文 (cleft sentence) 21, 156
併合 (Merge) 9

ま・や 行
右枝節点繰り上げ (right node raising) 157
名詞句制約 (NP Constraint) 57
目的語削除分析 39
目標 (goal) 79

優位条件 (Superiority Condition) 61
弱い島 78

ら・わ 行
リスト文 176
例外的格付与 (Exceptional Case Marking: ECM) 101
連鎖 (chain) 76
連続的循環移動 (successive cyclic movement) 131, 169
話題化 17
話題化構文 15
話題の話題化 (topic topicalization) 15

A–Z
Attract F 11
crash 9
c 統御 31
ECM 132
FP (focus phase) 82
Minimal Link Condition: MLC 12, 130, 141
Move F 11
NegP 149
NP 移動分析 37
Phase 80
PolP (Polarity Phrase) 21
PRO 114, 131
PRO の定理 33
that 痕跡効果 (*that*-trace effects) 178
tough 構文 (*tough* construction) 36
VP 付加操作 (VP Adjunction) 66
WH 移動 2
Wh 島の制約 (*Wh*-island Constraint) 56
X バー規約 65
γ標示 71
θ基準 (θ-criterion) 77, 129
θ素性 173

〈著者紹介〉

原口庄輔(はらぐち　しょうすけ)　1943年生まれ．明海大学外国語学部教授．
中島平三(なかじま　へいぞう)　1946年生まれ．東京都立大学教授．
中村　捷(なかむら　まさる)　1945年生まれ．東北大学大学院文学研究科教授．
河上誓作(かわかみ　せいさく)　1940年生まれ．大阪大学大学院教授．

大庭幸男(おおば　ゆきお)　1949年福岡県生まれ，九州大学大学院文学研究科修士課程修了．現在大阪大学大学院教授．博士(文学)．主著:『英語構文研究』(1998年度市河賞受賞)(英宝社, 1998), "Island Phenomena and Search Spaces of a Probe" (*Linguistic Analysis* 31, 2001) など.

島　越郎(しま　えつろう)　1967年富山県生まれ，東北大学大学院文学研究科博士課程修了．博士(文学)．現在山口大学人文学部講師．論文: "Two Types of Wh-features" (*Lingua*, 1999), 「付加詞併合の非循環適用」(黒田成幸・中村捷編『ことばの核と周辺: 日本語と英語の間』(くろしお出版, 1999), "A Preference for Move over Merge" (*Linguistic Inquiry*, 2000)

英語学モノグラフシリーズ 10
左方移動

2002年3月25日　初版発行

編　　者	原口庄輔・中島平三
	中村　捷・河上誓作
著　　者	大庭幸男・島　越郎
発行者	荒　木　邦　起
印刷所	研究社印刷株式会社

KENKYUSHA
〈検印省略〉

発行所　株式会社　研究社
http://www.kenkyusha.co.jp

〒102-8152
東京都千代田区富士見 2-11-3
電話　(編集) 03(3288)7755(代)
　　　(営業) 03(3288)7777(代)
振替　00150-9-26710

ISBN4-327-25710-9　C3380　Printed in Japan